KB273638

99℃

99℃

1판 1쇄 발행 _ 2013. 07. 10.
1판 7쇄 발행 _ 2013. 09. 06.

지은이 _ 호아킴 데 포사다
옮긴이 _ 이의수
발행인 _ 홍성찬
발행처 _ 인사이트북스

출판신고 _ 2009년 6월 5일 제25100-2009-0017호
주소 _ 서울특별시 강북구 우이동 161-36(142-871)
대표전화 _ 070)8112-0846, 02)906-9888
팩시밀리 _ 02)906-9888
이메일 _ insightbooks@hanmail.net

ⓒ 호아킴 데 포사다 저작권자와 맺은 특약에 따라 검인을 생략합니다.
ISBN 978-89-98432-04-1(13320)

미지근했던 당신의 어제를 팔팔 끓는 내일로 바꾸는 1℃의 비밀

99℃

호아킴 데 포사다 | 이의수 옮김

인사이트
북스

참된 나를 찾아가는
동반자가 되기를

《99℃》라는 책을 선물할 수 있게 되어 기쁘게 생각합니다. 이 책은 자아 발견, 인내, 그리고 이따금씩 찾아오는 인생의 역경에서 어떻게 하면 승리할 수 있는지에 대해 이야기하고 있습니다.

주인공 올리버는 정신적으로나 육체적으로 매우 깊은 상처를 남긴 불운에 낙담했으나 항상 그를 믿고 지지해 주는 가족과 친구들 덕분에 절망과 불행의 순간을 딛고 일어설 수 있었습니다. 광부의 아들인 올리버는 7살이 되던 해에 교통사고를 당했습니다. 그것은 그의 삶을 송두리째 바꾸며 부정적인 영향을 끼쳤습니다.

그날 이후, 그의 아버지와 어머니는 그가 힘든 상황을 극복하고 행복한 삶을 살아가는 성공한 사람으로 성장하길 바랍니다. 하지만 여러분 모두가 잘 알다시피 그것은 그저 부모의 바람일 뿐 올리버에게 강요할 수는 없었습니다. 오로지 자기 혼자만의 여행을 통해 올리버는 자신을 성공으로 안내해 줄 자아를 찾게 됩니다.

건강했던 시절의 자신을 기억하는 올리버가 고난을 극복하기란 매우 어려운 일이었습니다. 그럼에도 불구하고 올리버는 스스로의 길을 찾아 날개를 활짝 폈습니다.

어느 날 찾아온 인디언 청년 필란, 사랑의 그리움을 심어 준 줄리엣, 노래의 참된 의미를 가르쳐 준 오웬 선생님, 물은 98도도, 99도도 아닌 오로지 100도에 도달해야만 비로소 끓기 시작한다는 매우 중요한 삶의 신비를 일깨워 준 친구 앤드류.

99도의 물은 뜨겁긴 하지만 100도가 되어서야 끓습니다. 끓는 물은 증기를 만들어 내고, 증기는 자동차나 기관차가 달리도록 하는 힘을 갖습니다. 자, 생각해 보십시오. 단지 1도 차이이지만 단지 뜨거운 것과 기계를 움직일 수 있도록 하는 충분한 힘을 만드는 것은 다릅니다. 바로 그 차이가 올리버의 성취에 필요한 것입니다. 100도에 도달한 그의 삶은 바로 그 차이를 만들었죠.

때때로 우리는 혼자라고 느낍니다. 지지해 주는 사람이 하나도 없다고 생각하면서 말이죠. 하지만 그것은 사실이 아닙니다. 주의 깊게 바라본다면 우리를 기꺼이 도와주려는 도움의 손길들을 가족과 친구들, 심지어는 낯선 이들 사이에서도 찾을 수 있습니다. 그럼에도 불구하고 여전히 아무도 없다고 해도 결코 좌절하지 마십시오. 여러분에게는 '나'라는 강력한 친구가 있기 때문입니다.

하지만 그 친구(자아)는 마음 깊숙한 곳에 숨어 있습니다. 그리고 그는 당신이 가장 필요한 순간에 자신을 불러 주기를 기다립니다. 그렇습니다, 때때로 그를 찾는 일은 매우 어려울 것입니다. 하지만 분명 그는 존재합니다. 그러니 가장 먼저 자신의 모습 그대로를 인정하세요. 지금 이대로도 괜찮다고 말이죠. 그렇게 자신이 누구인지를 알고 100도의 수준까지 도달해야만 비로소 끓기 시작하며 수많은 가능성과 성공, 행복이 찾아올 것입니다.

올리버는 오래도록 방황한 끝에 스스로를 찾았습니다. 이 책을 통해 독자 여러분들도 그가 어떻게 자아를 찾고, 어떻게 자신의 장애를 극복했는지, 그리고 어떻게 해서 마침내 행복과 성공을 성취했는지 알게 될 겁니다. 여러분도 올리버처럼 있는 그대로의 자신을 인정하고, 부족한 1도씨를 채워 100도에서 도달한다면 행복과 성공을 찾을 수 있습니다.

한국에서 독자 여러분들을 만난 지 수년이 흘렀습니다. 저는 제 인생에서 가장 행복한 기억 중 하나인 그때의 따뜻한 환대와 우정을 영원히 추억할 것입니다.

친애하는 나의 한국 친구들과 독자들에게 이 책을 소개하게 되어 무척 기쁩니다. 아무쪼록 이 책이 여러분을 100도에 도달하도록 함으로써 성공과 행복을 찾아가는 길에 동반자가 되기를 바랍니다.

존경을 담아,
마이애미 주 플로리다에서
호아킴 데 포사다

차
례
—

오른발이 먼저일까,
왼발이 먼저일까?

어스름 땅거미가 질 무렵 그가 찾아왔습니다. 나는 그때 집 앞 발코니의 나무 의자에 앉아 평원 너머로 사라지는 해를 바라보고 있었지요. 그는 아름드리 떡갈나무를 지나 천천히 걸어 나에게 다가왔습니다. 이윽고 발코니 아래에 우뚝 서 나에게 물었습니다.

"오른발일까, 아니면 왼발일까?"

갑작스런 그의 질문에 나는 당황해서 어쩔 줄 몰랐습니다. 그의 질문이 무슨 의도인지 알 수 없었기 때문입니다.

"내가 너의 집 계단에 오른발을 먼저 올려놓을까, 아니면 왼

발을 먼저 올려놓을까?"

그 질문은 이제까지 내가 받은 질문 중 가장 엉뚱하고 가장 답하기 어려운 것이었습니다.

"어어쩌면 오오른발일 수도 있겠네요."

"하하! 용케 맞추었구나."

그는 호탕하게 한 번 웃고는 현관에 이르는 나무 계단에 오른발을 '척!' 올려놓았습니다. 나는 엉겁결에 일어서 그의 얼굴을 빤히 바라보았습니다. 적어도 190cm가 넘는 키에 몸집은 걸리버 여행기에 나오는 브롭딩낵의 거인처럼 우람했습니다. 또 얼굴은 우리 마을에서 멀리 떨어지지 않은 사비노 캐니언 국립공원의 암석 산처럼 붉었습니다. 왼쪽 어깨에는 초록색의 낡고 기다란 헝겊 가방이 둘러져 있었습니다. 얼마나 오래되었는지 끝이 다 해져 너덜너덜했습니다.

"아버지는 어디 가셨니?"

"가게에서 아직 오지 않으셨는데……, 누, 누구세요?"

"나는 필란 존이다. 여기 애리조나 주에서 가장 많은 인디언 혈통이지. 예전에 너의 아버지와 함께 로즈몬드 구리 광산에서 일했었다. 나는 네 아버지 밑에서 구리를 캤지."

"아! 그 광산은 이제 폐쇄되었어요."

“잘 안다. 그래서 나는 광산을 떠나 대도시로 갔지. 네 아버지는 이곳 투손시티에 남아 작은 식품 가게를 열었고. 그때 나에게 세상 구경을 끝내고 돌아오면 점원으로 채용하겠다고 약속했어. 나는 이곳을 떠나 뉴욕, 샌프란시스코, 엘에이, 댈러스 같은 큰 도시를 돌아다녔단다. 넌 그런 곳을 가 보았니?”

나는 부끄러움으로 얼굴이 빨개졌습니다.

“아아직.”

“괜찮다. 네겐 아직 시간이 많으니까.”

“하지만 저는……..”

“그래. 넌 걷는 게 아직도 불편하니? 지금 몇 살이더라?”

“열일곱 살이에요.”

“벌써 10년 전이구나. 하루는 네 아버지가 광산에 출근을 하지 않으셨어. 아들이 교통사고를 당했다고 하더구나. 다행히 큰 사고는 아니라고 안도했었지.”

“큰 사고가 아니었다고요? 전 두 다리를 잃을 뻔했어요!”

나는 나도 모르게 낯선 사람에게 소리를 질렀습니다.

“하지만 너는 생명을 구했잖니. 그리고 지금 이곳에서 이 멋진 자연과 아름다운 세상을 보고 있잖아? 그것만으로도 너는 신에게 감사해야 해.”

"모르는 소리 하지 마세요. 아저씨가 무얼 안다고! 난 5년 넘게 목발을 짚고 다녔고, 지금도 보조 기구가 없으면 한 발자국도 걸을 수 없다고요."

나는 한 손으로 의자를 짚고는 오른발을 번쩍 들어 마룻바닥에 '쾅!' 내리찧었습니다. 그는 고개를 돌려 나를 똑바로 바라보았습니다. 그 눈은 깊은 강물처럼 고요했지만 달팽이솔개의 눈처럼 몹시 매서웠습니다.

"다른 사람의 집에 들어설 때는 오른발을 먼저 디뎌야 할지, 왼발을 먼저 디뎌야 할지 깊이 생각해야 한다. 오른발을 먼저 내딛는 것은 내가 이 집에 손님으로서 머문다는 뜻이고, 왼발을 내딛는다는 것은 단순한 방문객이란 뜻이지. 우리 쇼쇼니 인디언들의 오랜 전통이란다."

나는 깜짝 놀라 몸을 움츠렸습니다. 어렸을 때 쇼쇼니 인디언은 식인종이라는 말을 들었기 때문이었습니다. 그는 내가 놀란 이유를 안다는 듯 빙긋 웃으며 말을 이었습니다.

"그런데 어떤 사람은 그렇게 하고 싶어도 할 수가 없어. 오른쪽 다리가 없거나, 왼쪽 다리가 없거나, 심지어 두 다리가 없기 때문이지. 하지만 너는 두 다리가 모두 있잖아."

오른발을 내딛고
세상으로 나오다

"오늘 두 군데 배달이 있어. 오전엔 토호노 광산 사무소에 가야 하고, 오후에는 웨스트칼레가르시아 병원에 가야 해."

아버지가 커피 잔을 내려놓으며 말하자 샌드위치를 막 입에 넣던 필란은 고개를 끄덕였습니다. 그가 우리 식구가 되어 함께 밥을 먹은 지 벌써 한 달이 지났습니다. 필란은 샌드위치를 삼키고는 나와 아버지를 번갈아 바라보더니 입을 열었습니다.

"오후에 병원 배달 나갈 때는 올리버와 함께 다녀올게요."

그의 말이 끝나기도 전에 나는 고개를 번쩍 들었습니다. 아버지는 포크를 놓칠 뻔했고 어머니는 환한 미소를 지었습니다.

"좋은 생각이에요, 올리버를 데려가도록 해요. 올리버가 도통 돌아다니질 않으려 해서……."

나는 은근히 화가 치밀었습니다.

"다리가 불편하니까 그렇죠. 난 학교 다니기도 힘들다고요."

짧은 순간 침묵이 감돌았으나 필란은 쾌활하게 말했습니다.

"올리버, 오늘 나하고 내기를 해서 네가 이기면 더 이상 너를 귀찮게 하지 않으마. 그러나 네가 지면 앞으로 나를 따라서 배달을 다녀야 해."

"난 배달꾼이 아냐. 형 마음대로 이래라 저래라 하지 마. 난 공부가 먼저야. 고등학교 2학년이라고."

"책을 들여다보는 것 못지않게 세상을 배우는 것도 큰 공부란다."

"흥! 퍽이나……."

"그런데 무슨 내기인지 궁금하지 않니?"

나는 궁금하지도 않았습니다. 하지만 어머니가 물었습니다.

"그래, 무슨 내기지요?"

필란은 어머니가 아니라 나를 보며 말했습니다.

"병원에 도착했을 때 네가 오른발을 먼저 내디딜까, 왼발을 먼저 내디딜까?"

나는 얼떨결에 소리쳤습니다.

“그야 당연히 왼발이겠지.”

“오케이. 그 말 잊지 마!”

나는 주먹을 쥐고는 필란을 노려보며 머릿속으로 ‘왼발’이라고 큰소리로 외쳤습니다.

오후가 되어 나무 의자에 앉아 햇볕을 쬐고 있을 때 아버지 가게의 작은 트럭이 안마당으로 들어왔습니다. 파란색 1톤 트럭 옆에는 ‘로렌스 식품 가게’라는 글자가 커다랗게 새겨 있었습니다. 필란은 유리창을 내리고는 내게 손을 흔들었습니다.

“올리버, 준비됐지?”

나는 부루퉁한 얼굴로 일어나 천천히 걸어 차에 올라탔습니다. 트럭에는 이런저런 식품들과 음료수가 열 상자 넘게 실려

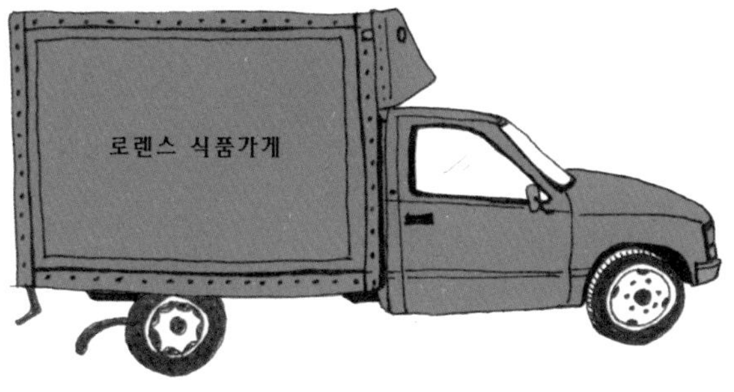

있었습니다. 나는 늘 집 밖으로 나가는 것을 꺼려했습니다. 하지만 필란은 나에게 계속 밖으로 나가자고 귀찮게 할 것이 분명했습니다. 그가 제안한 내기에서 이겨 더 이상 그런 이야기를 하지 못하도록 해 주고 싶었습니다. 병원에 도착해 그저 왼발만 척, 내디디면 그걸로 끝입니다. 그러면 다시는 나를 불러낼 수 없을 테니까요.

우리 집은 투손시티의 리틀타운에 있었고, 아버지 가게는 엠피르비스타에 있었습니다. 오늘 배달을 가는 웨스트칼레가르시아 병원은 서쪽으로 4km를 더 가야 했습니다. 그 너머로 한참 더 가면 브라운마운틴이 나옵니다. 아버지 가게는 원래 동네의 식품 가게였으나 필란이 온 후 거래하는 지역이 더 넓어졌습니다. 그는 여러 병원과 학교, 광산 등을 돌아다니며 납품을 따 와 일주일에 서너 차례 배달을 다녔고, 그 덕에 아버지, 어머니는 몹시 분주해졌습니다. 차가 이스트발렌시아 거리로 접어들자 필란이 물었습니다.

"학교생활은 재밌어?"

"형 같으면 재미있겠어?"

"어쩌면 재미없겠지. 여자 친구는 있니?"

"아니, 아예 친구가 없어."

나는 차갑게 대답하고는 고개를 돌려 창밖을 바라보았습니다. 토요일 오후의 거리는 몹시 북적거렸습니다. 가족들이 탄 차가 많았고 멋진 선글라스를 쓴 요란한 차림의 관광객들도 꽤 많았습니다. 그들을 보자 마음이 울적해졌습니다.

"그러면 외톨이겠네."

필란의 말에 나는 얼굴이 빨갛게 달아올랐습니다.

"그런데 넌 가만 보니 얼굴이 금방 빨개지더구나."

"수, 수, 수줍음이 많아서 그래."

"그렇지 않아. 네 본심을 들켜서 그런 거야."

나는 얼굴이 더 빨개지면서 목소리도 커졌습니다.

"어쨌거나 난 그딴 건 신경 쓰지 않아."

"무얼?"

"여자 친구 없어도 되고, 남자 친구 없어도 되고, 외톨이어도 괜찮아."

잠시 침묵이 흘렀습니다.

"고독을 즐기는 게지. 섬머싯 몸이 '예술가는 고독한 늑대다'라고 말했단다. 너도 예술가가 되고 싶은 거니?"

"나는 아무것도 되고 싶지 않아."

다시 침묵이 흘렀습니다.

"우리 인간은 전부 고독해. 남을 잘 모르기 때문이지. 또한 나 자신도 잘 모르기 때문이지. 하지만 인간의 고독감은 삶의 공포일 뿐이야."

"나는 공포심 같은 것도 없어."

필란은 싱긋 웃고는 고개를 끄덕였습니다.

"공포심이 없으면 살아가는 재미도 없어. 공포 영화는 짜릿한 재미를 안겨 주잖니? 〈이블 데드〉나 〈살아 있는 시체들의 밤〉, 〈13일의 금요일〉 같은 영화들에 사람들이 열광하는 이유는 공포심의 밑바닥에 흥분이 깔려 있기 때문이야."

나는 그의 말이 이상하게 들렸지만 묘한 흥미도 느꼈습니다. 이제까지 그런 말을 해 주는 사람이 한 명도 없었기 때문이었습니다. 병원에 도착하자 필란은 건물 뒤편의 납품 전용 주차장에 차를 세우며 엄한 말투로 말했습니다.

"배달할 물건이 많으니까 너도 내려서 박스를 수레에 싣도록 해."

나는 '싫어'라는 말이 목까지 올라왔으나 매서운 그의 눈길에 저항할 수 없었습니다. 핸들카에 박스 열 개를 싣고 우리는 납품장으로 향했습니다. 나는 뒤에서 핸들카를 밀었는데 그런 일은 처음이었습니다. 아무도 내게 그런 일을 시키지 않았으니까요. 아버지나 어머니 역시 아주 가벼운 일조차 내게 시키지 않았습니다. 나는 핸들카를 밀면서 한편으로는 화가 나고, 한편으로는 서글프고, 한편으로는 뿌듯했습니다.

커다란 유리문을 열자 크레졸 냄새가 코를 찔렀습니다. 나는 얼굴을 찌푸렸지요. 그 냄새가 싫어서가 아니라 어렸을 때의 기억이 떠올랐기 때문이었습니다. 교통사고를 당한 후 한동안 병원은 내게 집이나 마찬가지였습니다. 필란은 나의 찌푸린 얼굴을 보고는 물었습니다.

"뒤에서 미는 것이 힘든가?"

"이까짓 게 뭐 힘들다고."

나는 자칫 눈물이 나오려는 것을 꾹 참으며 이를 악물었습니다. 벌써 10년 전 일이지만 나는 지금도 요란한 급브레이크 소리에 잠을 깨곤 합니다. 그 소리는 창문 너머의 도로에서 들려오는 것이 아니라 내 가슴속에서 들려오는 소리였습니다. 언제 그 악몽의 소리가 사라질지 나는 알 수 없습니다. 나는 손을 들어 눈물을 훔치고는 더 힘차게 수레를 밀었습니다.

납품이 끝나 병원 정문을 빠져나오며 필란이 말했습니다.

"이곳 웨스트칼레가르시아 병원은 결핵 전문 병원이지."

"알아."

"미국에서 결핵 사망률이 가장 높은 주가 어디인지 아니? 바로 우리가 사는 애리조나 주야."

나는 내심 깜짝 놀랐습니다.

"애리조나 주는 온난 건조해서 결핵 환자의 요양에 가장 적합한 기후를 갖고 있어. 그래서 미국 각지에서 결핵 환자들이 찾아오지. 치료율이 높기는 하지만 누구나 완치되는 것은 아니야. 그래서 죽는 사람이 나올 수밖에 없고, 그러다 보니 어쨌든 다른 주에 비해 결핵 사망률이 높은 거야. 비유를 들자면 아프리카의 가난한 나라에서 벤츠를 타는 사람은 엄청 부자일 수 있겠지만, 독일에서는 벤츠를 탄다고 해서 부자가 아닌 것과 마찬가지야. 애리조나 주가 결핵 사망률이 가장 높다는 통계만 봤을 때는 보건 상황이 가장 나쁘다는 것으로 오해하기 쉽지. 무엇이든 그 속 모습을 자세히 들여다보지 않으면 진실은 늘 가려지게 마련이야."

적절한 비유는 아니었지만 나는 잠자코 그의 이야기를 들었습니다.

"죽음을 앞둔 사람에게 찾아오는 공포는 B급 공포 영화를 보면서 느끼는 감정과는 다르지. 그들에게는 죽음이 곧 현실이니까. 그들이 죽기 전에 가장 꿈꾸는 것이 무엇인지 아니?"

잠시 골똘히 생각했으나 그것은 열일곱 살의 소년이 생각하기에는 너무 먼 주제였습니다.

"형, 난 죽음을 생각하기에는 아직 어려."

"그렇구나. 그런데 너 오늘 내기에서 나에게 진 거 알아?"

순간적으로 아차하며 내기가 떠올랐습니다. 그러나 이미 지나간 일이었습니다. 핸들카에 박스를 실을 때까지만 해도 '왼발'이라고 중얼거렸는데 핸들카를 밀면서 까마득히 잊고 말았던 것입니다. 필란은 큰소리로 웃으며 호기롭게 말했습니다.

"너는 오른발을 먼저 내디뎠어."

"그걸 형이 어떻게 알아?"

"내가 유심히 보았거든. 그러니 넌 나에게 진 거야."

"그 말을 어떻게 믿어? 증거가 없잖아."

"하하, 언제든지 증명할 수 있어. 병원 입구에 CCTV가 있거든. 네가 원하면 언제든지 확인해 줄 수 있어. 그러니 넌 이제 내가 배달을 갈 때마다, 내가 부를 때마다 군말 없이 따라와야 해."

"싫어."

"탈무드에 이런 말이 있다. 경건한 사람은 약속은 적게 하지만 일은 많이 하고, 악한 사람은 약속은 많이 하지만 아무것도 하지 않는다고. 네가 악한 사람이 되고 싶다면 약속을 지키지 않아도 돼."

말문이 막혔습니다. 필란처럼 그럴 듯한 말을 들먹이며 반박하고 싶었으나 내 머릿속에 간직되어 있는 말은 아무것도 없었습니다.

"너무 걱정하지는 마. 일주일에 한 번만 부를 테니."

"퍽이나 고맙네요."

"그런데 네가 왜 머릿속에서는 왼발을 생각하면서도 몸은 오른발이 먼저 나갔는지 알아?"

정말 나는 왜 그랬을까요? 병원에 들어서기 1분 전까지만 해도 왼발을 딛겠다고 다짐했었는데 말이죠.

"왼발은 단순한 방문객이고 오른발은 손님이라고 했잖아. 병원은 너에게 단순한 곳이 아니라는 뜻이야. 그곳에 있는 죽음은 사실 우리 모두에게 익숙해져야 할 것이지. 우리는 어둠 속에서 태어나 잠시 밝은 세상에서 살다가 결국 다시 어둠으로 돌아가지."

머리가 지끈거렸습니다.

"중요한 것은 그 짧은 순간에 어떻게 살 것인가야. 그것이 우리의 숙제이지."

17세의 자화상

집 앞 떡갈나무 아래에 아이들이 서너 명 서 있었습니다. 가을 비가 추적추적 내리는 화요일 아침이었습니다. 아이들은 울긋 불긋한 우산을 쓰고 스쿨버스를 기다리고 있었습니다. 나는 등 에는 가방을 매고 오른손으로는 우산을 들고 힘겹게 터벅터벅 걸어 그곳으로 갔습니다. 분노가 치밀어 금방이라도 울음이 터 질 것 같았습니다. 소리도 지르고 싶었습니다. 바람이 심하게 부는 날이나 비가 오는 날이면 아버지는 늘 나를 학교에 데려 다 주셨습니다. 오늘 아침 빗소리에 눈을 떴을 때 당연히 아버 지가 데려다 주리라고 생각했습니다. 하지만 7시밖에 되지 않 았는데도 집안은 조용했습니다. 필란 혼자 밥을 먹고 있었고,

그 옆 자리에는 내 것도 있었습니다.

"아버지 어디 가셨어?"

"오늘 가게 일이 바빠 두 분 모두 새벽에 나가셨다."

잠시 망설이다 필란에게 말했습니다.

"그럼 나 좀 학교에 데려다 줘."

필란은 내 말을 듣는 둥 마는 둥하면서 커피 잔을 내려놓았습니다.

"내 말 들었어?"

"나는 로렌스 식품 가게의 직원이지, 네 운전기사가 아냐."

"하지만 비 오는 날에 스쿨버스를 타고 학교에 가기 얼마나 불편한지 알아?"

"불편하면 가지 말려무나."

나는 얼굴을 잔뜩 찌푸렸습니다. 그러나 필란은 아랑곳하지 않았습니다.

"이깟 비 때문에 열일곱 살 청년이 아버지에게 의지한다는 것은 부끄러운 일이야. 나는 열세 살 때부터 땅속 100미터 아래로 내려가……."

"그만!"

나는 주먹으로 식탁을 '쾅!' 내리쳤습니다. 그러고는 절뚝거리며 내 방으로 돌아갔습니다. 화를 삭이며 가방을 챙기고 있을 때 부르릉 소리가 들려 창밖을 보니 필란이 트럭을 몰고 거리로 나가고 있었습니다. 내가 힘겹게 걸어 팻말 아래에 도착하자 아이들은 나를 힐끔 보더니 이내 고개를 돌렸습니다. 나역시 그들 중 누구와도 인사하지 않았습니다. 중학교, 고등학교를 거치는 동안 친구는 단 한 명도 없었습니다. 일곱 살에 교통사고를 당한 후 내 몸은 천천히 변해 갔습니다. 여러 차례의 고통스러운 수술을 거치면서 목발에 의지하지 않아도 되었지만 다리는 가늘어지고 몸도 점점 말라갔습니다. 아이들은 드러내 놓고 나를 싫어하지는 않았으나 친절하게 대하지도 않았습니다. 한번은 복도를 지날 때 한 짓궂은 아이가

"콰지모도, 나의 에스메랄다는 어디에 있을까?"

라고 소리쳤습니다. 그러자 옆에 있던 아이들이 손뼉을 치며 웃었습니다. 나는 콰지모도가 누구인지는 몰랐으나 나를 놀리는 게 분명했습니다. 나는 화를 참지 못하고 그에게 다가가 물었습니다.

"너, 방금 나를 비웃었지?"

그는 얄밉게 웃음을 흘리며 이죽거렸습니다.

"난 단지 《노트르담의 꼽추》에 나오는 주인공 이름을 불렀을

뿐이야. 넌 그 책도 안 읽었나 보지?”

어떻게 내가 참을 수 있을까요. 주먹을 들어 그의 얼굴을 후려치고 말았습니다. 아주 순식간에 일어난 일이었지요. 그날 나는 두 가지 사실을 알았습니다. 하나는 콰지모도가 《노트르담의 꼽추》의 주인공이라는 것이었고, 하나는 장애인이라고 해서 벌이 면제되지 않는다는 사실이었습니다. 나는 학교에서 일주일 정학 처분을 받았습니다. 그 일로 그나마 중립적인 친구들마저 등을 돌렸습니다. 두 가지 사실을 터득한 것에 비해 마음의 상처는 너무 컸습니다.

비가 내리는 날 힘겹게 스쿨버스를 타는 나를 아무도 도와주지 않는 것은 당연한 일이었습니다. 우산을 접어 한 손에 들고 한 손으로 차의 손잡이를 잡았을 때 뒤편에서 클랙슨 소리가 ‘빵~’ 울렸습니다. 어느새 필란이 트럭을 몰고 다시 돌아온 것이었습니다. 하지만 나는 그의 차를 타고 싶지 않았습니다. 나에게도 자존심이란 것이 있으니까요. 필란은 차 유리를 내리더니 소리쳤습니다.

“올리버, 학교에 가거든 3층 미술실 앞에 가 봐. 그곳에 아주 중요한 게 있어.”

그러고는 다시 부르릉 소리를 내며 빗속으로 사라졌습니다.

그는 나를 태우러 온 것이 아니었습니다. 알 수 없는 소리를 하러 온 것이었습니다. 그런데도 나는 '필란의 차를 타지 않겠다'고 김칫국부터 먼저 마신 것이지요. 나는 얼굴이 아주 심하게 빨개졌습니다. 여학생들은 그런 나를 보고 수줍음을 심하게 타는 콰지모도 같은 녀석이라 생각했을 겁니다.

오늘은 불행이 넝쿨째 굴러들어 온 날이었습니다. 이럴 때 필란 같으면 "근본적으로 행복과 불행은 그 크기가 정해져 있지 않다. 다만 그것을 받아들이는 사람의 마음에 따라 작은 것도 커지고, 큰 것도 작아진다."와 같은 말을 했을지도 모르겠지만 나는 그렇지 못했습니다. 4교시는 음악 시간이었습니다. 우리가 음악실에 모두 앉자 제프리 오웬 선생님은 교탁을 지휘봉으로 탁탁 치며 말씀하셨습니다.

"자, 오늘은 지난 시간에 이야기한 대로 가창 시험을 보겠습니다."

그 말을 듣는 순간 땅이 꺼지는 것 같았습니다. 아마 지난주 음악 시간에 오늘 가창 시험을 본다고 미리 알려 주었을 겁니다. 그런데 그날 나는 병원에 가는 바람에 그 말을 듣지 못했습니다. 또 그 누구도 내게 그 말을 전해 주지 않았습니다. 내가 어쩔 줄 몰라 멍하니 앞만 바라볼 때 선생님은 피아노 앞에 앉으며 말씀하셨습니다.

"한 사람씩 차례로 나와 노래를 부르도록. 만일 노래에 자신이 없으면 피아노나 바이올린을 켜도 되고. 단, 기타나 드럼은 안 됩니다."

그 말에 아이들은 와하하 웃었습니다. 나는 웃을 수 없었습니다. 사람들 앞에서 노래를 불러 본 적은 한 번도 없었습니다. 고즈넉한 밤이면 달빛 아래에서 나 혼자 노래를 부른 적은 있었습니다. 라디오에서 흘러나오는 이런저런 노래를 따라 부르다가 어느 날 한 곡을 듣는 순간 세상이 멈추는 것 같았습니다. 그 노래는 '수오간 Suo Gan'이었습니다. 아주 오랜 옛날부터 영국의 웨일즈 지방에 전해 내려온 자장가였는데, 〈태양의 제국〉이라는 영화의 OST로 사용되기도 했습니다.

나는 달빛이 화사하게 빛나는 날, 비가 내리는 날, 바람이 부는 날, 낙엽이 우수수 떨어지는 날이면 뒷마당에 홀로 서서 이 노래를 불렀습니다. 벌써 5년이나 되었습니다. 그러나 그것은 독창이었으며 청중은 아무도 없었습니다.

단지 아픔이 나를 비껴가기를 바라는 마음에서 홀로 노래를 불렀던 것입니다. 하지만 이곳은 달빛 아래의 우리 집 뒷마당이 아니었습니다.

애써 참으려 했지만 다리가 부들부들 떨렸습니다. 아이들은 차례차례 앞으로 나가 노래를 불렀습니다. 어떤 아이는 바이올린을 연주했습니다. 그러나 내 귀에는 아무런 소리도 들어오지 않았습니다. 다만 한 여학생이 셀린 디온의 'My Heart Will Go On'을 불렀을 때 잠깐 마음속 울림이 있었습니다.

이윽고 내 차례가 되었습니다. 차라리 죽고 싶었습니다. 무거운 침묵 속에서 힘겹게 발을 끌며 앞으로 나가 교단 위에 섰습니다. 내가 부른 노래는 그나마 늘 불러 보았던 '수오간'이었습니다.

Huna blentyn yn fy mynwes(잘 자라 우리 아기 내 품에서)

Clyd a chynnes ydyw hon(엄마의 팔이 너를 감싸니)

Breichiau mam sy'n dyn am danat(따듯한 둥지에서 아늑함을 느끼렴)

Cariad mam sy dan fy mron(항상 새롭게 내 사랑을 느끼렴)

Ni cha dim amharu'th gyntun(네가 잠자는 동안 위험은 없단다)

Ni wna undyn a thi gam(아픔은 너를 비껴갈 거야)

얼마나 많은 시간이 흘렀는지 모릅니다. 노래가 끝나자 겨우 눈을 뜨고는 아이들을 바라본 후 오웬 선생님에게 인사를 했습니다. 그리고 교단을 내려왔습니다. 분명 내 얼굴은 엄청 빨개졌겠죠. 교실 안은 내가 교단에 오를 때보다 더 깊은 침묵에 빠져 있었습니다. 웃는 아이도 없고 수군대는 아이도 없고 박수를 치는 아이는 더더구나 없었습니다.

내가 두어 걸음을 떼었을 때 오웬 선생님이 느닷없이 박수를 쳤습니다. 뒤이어 몇몇 아이들이 박수를 치기 시작했습니다. 그 아이들은 대부분 여학생들이었습니다. 이윽고 몇몇 남학생들도 박수를 쳤으나 나는 전혀 고맙지 않았습니다. 차라리 박수가 없기를 바랐습니다. 다른 사람의 주목을 받는 일은 끔찍했으니까요.

학교가 파할 무렵 다행히 비는 멈추었습니다. 문득 필란의 말이 떠올랐습니다. 3층까지 가는 일은 쉽지 않습니다. 그러나 그가 실없는 소리를 할 리는 없었기에 나는 또 힘겨운 고행의 길을 떠났습니다. 1층에서 3층까지 오르는 것조차 내게는 고행이었습니다.

계단을 다 올라 오른쪽으로 돌자 미술실이 나타났습니다. 한 달에 한두 번 이곳에 오기는 하지만 그 앞에 걸린 그림들을 눈여겨본 적은 없었습니다. 천천히 복도를 거닐면서 그림들을 보았습니다. 학생들의 작품이 몇 개 걸려 있었고 유명 화가가 된 졸업생들의 그림도 몇 개 걸려 있었습니다. 복제품도 있었습니다. 나는 한 폭의 그림 앞에 멈추었습니다.

그림 아래에는 이렇게 써 있었습니다.

17살의 자화상: 레옹 조제프 플로랑탱 보나(Léon Joseph Florentin Bonna, 19세기), 프랑스

어쩌면 단순한 자화상에 불과할 수도 있었습니다. 나는 한참을 바라보다가 그림에 귀를 대 보았습니다. 무슨 소리가 들리지 않을까 싶어서였습니다.

"그렇게 해도 아무런 소리도 들리지 않더라."

생각지도 못한 목소리에 깜짝 놀라 뒤로 물러섰습니다. 어느새 다가온 여학생 한 명이 내 뒤에 서 있었습니다. 그녀는 쾌활한 목소리로 말했습니다.

"나도 처음에는 그 애가 무슨 말을 하는 듯싶어 귀를 대 보았어. 하지만 아무 소리도 들리지 않던데?"

나는 얼굴이 빨개져 우물쭈물 옷만 만지작거렸습니다.

"그림 속 주인공도 우리와 똑같은 열일곱 살이래. 처음 이 그

림을 보았을 때 나는 이 애가 내게 무슨 말인가를 들려 줄 것
같았어. 그래서 나는 자주 이곳에 와서 이 그림을 감상해. 이
그림에 귀를 기울인 사람은 나 외에 네가 처음이야."

"……."

"난 줄리엣 레이야. 너와 같은 반이지."

나는 고개를 끄덕였습니다.

"너 노래를 참 잘 부르더구나."

그 아이에게 그런 소리를 들을 줄은 몰랐습니다. 그리고 내
가 노래를 잘 부른다고 생각한 적은 한 번도 없었습니다.

"아, 아냐. 난 그저……."

줄리엣은 내가 전혀 싫지 않은 듯 미소를 지으며 상냥하게
말했습니다.

"이번 일요일에 우리 교회에 오지 않을래?"

진심을 다해 열망하라

어느덧 초겨울이 다가왔습니다. 이제 학교는 곧 방학에 들어갈 예정이었습니다. 서늘한 바람이 부는 토요일 아침 필란이 내 방으로 왔습니다.

"올리버, 오늘 오후에 레먼 광산에 납품을 가야 해. 두 시에 출발해야 하니까 그리 알아."

나는 잠자코 시계를 보았습니다. 1시 20분이었습니다. 가지 않겠다고 생떼를 쓰거나 공부해야 한다는 핑계는 필란에게 통하지 않았습니다. 현관 앞에는 이미 트럭이 세워져 있었습니다. 차가 출발하자 필란은 라디오를 켰습니다. 노라 존스Norah

Jones의 'Don't Know Why'가 흘러나왔습니다. 그런데 그 노래는 노라 존스가 부르는 것이 아니라 알 수 없는 어떤 남자가 부르는 것이었습니다. 노래가 끝나자 아나운서가 말했습니다.

"네. 피닉스의 데이비드 씨가 부른 노래였습니다. 자, 칼리 씨 몇 점을 줄까요?"

나는 무심코 말했습니다.

"82점."

내 말이 끝나기도 전에 칼리라는 남자가 '83점'이라고 말했습니다. 필란이 깜짝 놀라 물었습니다.

"오우! 거의 정확하게 맞췄네. 어떻게 82점이라고 생각했지?"

"끝부분에서 한 박자가 어긋났어. 그리고 목소리는 듣기 좋은데 무언가가 부족해."

"너 대단하구나."

"대단하기는 뭘, 그냥 노래를 많이 듣다 보면……."

"그렇지 않아. 나는 트럭을 운전하면서 하루 종일 노래를 들어도 그게 그거던데."

차는 어느덧 모리스K.유달 공원을 지나 북쪽으로 향하고 있었습니다. 레먼 광산까지 가려면 30분을 더 가야 했습니다. 나는 평생 그렇게 멀리까지 가 본 적이 없었습니다. 중학생일 때 킴볼산으로 소풍을 간 이후 모든 소풍과 여행을 거절했습니다. 걸어서 가든, 자전거를 타고 가든, 버스를 타고 가든 나에겐 너무나 힘든 여정이었습니다. 하늘을 찌를 듯이 솟은 아름드리나무들과 높은 산들, 대초원, 끝도 없이 자라나는 선인장들, 아파치 인디언들의 유적지, 모래바람이 부는 광활한 사막, 기이한 모습으로 우두커니 서 있는 붉은 암석 산들은 하나의 꿈에 불과했습니다. 그 무엇도 나를 세상으로 끌어내지 못했습니다. 마지못해 집과 학교를 오가며 17년의 삶을 살아온 것이었습니다.

"올리버, 이곳에 와 본 적 있니?"

나는 잠자코 고개를 가로 저었습니다.

"이 길은 그리 험하지 않아. 제너럴 히치콕을 지나면 레먼산까지 갈 수 있지. 지금은 구리 광산으로 분주하지만 200년 전만 해도 우리 인디언들의 고향이었어. 땅을 파면 우리 조상들의 부러진 화살촉이 나올지도 몰라."

"아버지도 간혹 그 말씀을 하셨어. 로즈먼드 광산에서 종종 옛날 인디언들의 유물이 발견된다고."

"이제는 슬픈 영광이 되었지."

라디오에서는 계속 노래가 흘러나왔습니다. 아마추어들이

노래를 부르면 칼리라는 사람이 점수를 매겼습니다. 나 역시 덩달아 점수를 매겼고 7명 중 5명의 점수를 맞췄습니다. 최고 점수는 리오라는 사람으로 96점을 얻어 TV를 상품으로 받았습니다. 차는 어느덧 제너럴 히치콕을 지나 섬머헤이븐에 당도했습니다. 우리는 사람이 없는 울창한 산길을 꼬불꼬불 지나 한참을 올라갔습니다. 저 멀리 겨울의 산기슭에 작은 건물이 보였습니다. 레먼 광산의 관리 사무소였습니다. 필란은 정문을 통과하면서 '빵-빵-' 클랙슨을 울렸습니다. 내가 차에서 내려 식품 상자를 핸들카에 실을 때 한 남자가 다가왔습니다.

"이게 누구야? 올리버 아니니!"

그는 나를 보고 깜짝 놀랐습니다. 나 역시 놀랐습니다. 아버지가 광산에서 일할 때의 동료인 윔보우 아저씨였습니다. 순간 오른발이 심하게 아파 왔습니다. 잊었던 기억이 떠올랐기 때문이었습니다. 아저씨는 나의 사고를 목격한 유일한 사람이었습니다. 그가 아니었다면 나는 두 다리를 잃고 평생 휠체어 위에서 사는 사람이 되었을 것입니다. 그러나 아저씨는 나를 업고 병원으로 달음질을 치느라 뺑소니차의 번호를 기억하지는 못했습니다. 단지 검은색 승용차라는 것뿐이었습니다. 경찰은 그 말을 단서로 오랫동안 수사를 했으나 끝내 범인을 밝혀내지 못했지요. 아버지는 평생 그의 은혜를 잊지 못했고 윔보우 아저씨가 정년에 이르자 레먼 광산에서 일할 수 있도록 여러 곳에 도움을 청했습니다.

다행히 윔보우 아저씨는 경비 일을 맡게 되었고 우리는 두어 달에 한두 번씩 그를 방문했지만 내가 중학생이 된 이후로는

뜸해져서 얼굴을 못 본 지 벌써 3년이나 지났습니다.

"올리버, 네가 이렇게 컸구나. 지금 몇 학년이니?"

"고등학교 2학년입니다."

그는 갑자기 두 팔을 벌려 나를 힘껏 껴안았습니다. 그 포옹 덕분에 다리의 아픔이 사라졌습니다.

여태 조용히 있던 필란이 입을 열었습니다.

"윔보우 아저씨. 안녕하세요?"

"아니! 너는, 쇼쇼니 인디언의 후예, 필란 존!"

"네. 맞아요."

서로를 알아본 두 사람은 힘껏 껴안았습니다.

"쏟아지는 폭포수, 정말 오랜만이구나!"

겨울 햇살이 시나브로 저무는 산길을 내려오며 나는 물었습니다.

"형, 아까 윔보우 아저씨가 '쏟아지는 폭포수'라고 했는데 그게 무슨 말이야."

"우리 인디언들의 이름은 모두 태어난 때를 나타내지. 꽃들이 필 때, 달리는 표범, 모래 위의 발자국……. 그런 식이지. 내 이름 필란pee-LAHN은 '쏟아지는 폭포수' 또는 '신이 내린 폭풍우'라는 뜻이야."

"아하! 멋있네."

산 아래로 내려왔을 때 필란은 차를 서쪽으로 돌렸습니다. 이정표에는 사비노 캐니언이라 써 있었습니다. 잠시 후 우리가 도착한 곳은 캐니언의 붉은 암석 산이었습니다. 캐니언에는 사람 한 명도, 동물 한 마리도 보이지 않았습니다. 오직 수많은 선인장들과 바람뿐이었습니다. 필란은 바위 위로 올랐습니다. 나는 잠자코 그를 따랐습니다. 바위를 오르는 일은 엄청난 고역이었지만 한마디도 투덜대지 않았습니다.

한참을 오르던 그는 평평한 곳에 이르자 북쪽을 향해 앉은 뒤 눈을 감고 기도를 올렸습니다. 저 멀리 레먼산이 보였습니다. 그리고 일어서서 알 수 없는 주문을 외웠습니다. 이윽고 주문을 멈추고는 하늘을 향해 절을 했습니다. 의식이 끝난 것입니다.

"윔보우 아저씨에게 축복을 빌어 주었다. 그는 오랜 세월 광산에서 일한 노동자의 산 증인이라 할 수 있지."

"알아. 아저씨는 내 생명의 은인이야. 그런데도 그를 잊고 있어서 정말 미안해."

필란은 내 어깨를 두드리며 씩 웃었습니다.

"미안해하지 않아도 돼. 너는 그저 일곱 살 아이였을 뿐이야. 정 미안하다면 그를 위해 노래를 불러 주는 게 어때?"

"노래? 여기서?"

"네가 노래를 부르면 윔보우 아저씨 귀에 닿을 거야."

나는 잠시 망설이다가 큼큼 목을 가다듬었습니다. 음악 시험이라면 겁에 질렸겠지만 이곳에는 아무도 없었습니다. 또한 윔보우 아저씨 귀에 들린다면 얼마든지 노래를 할 수 있었습니다. 나는 필란이 선 곳보다 더 높은 바위에 성큼 올라섰지요. 그리고 저니Journey의 'Open Arms'를 힘차게 불렀습니다. 겨울의 대초원에 나의 노래가 울려 퍼졌습니다.

나는 누구인가

집에 거의 도착했을 때 필란이 물었습니다.

"올리버, 너 그거 아니?"

"뭐?"

"네가 노래를 무척 잘한다는 거 말이야."

"설마……. 난 단지 소리를 질렀을 뿐이야. 노래라기보다는……."

"좋아, 그렇다 치고. 네 노래에는 애절함이 담겨 있어. 누군가에게 닿고 싶은."

"그, 그것은 윔보우 아저씨가 들었으면 해서."

“하하, 나를 속일 생각 마, 올리버. 누구야?”

나는 얼굴이 새빨개져 창으로 고개를 돌렸습니다. 유리에 나의 붉은 얼굴이 비쳤습니다. 필란은 내 마음을 귀신같이 알고 있었습니다.

“사실은 나에게 처음으로 말을 건넨 여자 아이가 있어.”

“오호! 그래서?”

“그 애가 교회에 오라 했는데……”

“그런데 왜 망설이지?”

그것을 몰라서 묻는단 말입니까? 나는 고개를 돌려 필란을 노려보았습니다. 필란은 짓궂게 웃으며 핸들을 탁탁 쳤습니다.

“오호! 슬픈 일이로구나. 올리버는 좋아하는 여학생이 생겼는데 너무 부끄러워 말 한마디 못하는구나.”

“하나도 부끄럽지 않아.”

“그렇다면?”

“자신이 없을 뿐이야.”

“오호! 자신이 없구나. 열일곱 살의 청년 올리버는 자신이 없구나. 신이여, 이 일을 어찌할까요?”

나는 좀 억울한 생각이 들었습니다.

“그런데 그 아이는 그 후로 내게 아무런 말도 하지 않았어.

어쩌면 그런 말을 했다는 것조차 잊었을 거야. 아니, 나라는 사람이 있다는 것조차 잊었을 거야."

"그래. 너라는 사람이 있다는 것조차 잊었겠지. 그런데 너는 너라는 사람이 있다는 사실을 아니?"

나는 어리둥절했습니다.

"나? 나는 여기에 있는데. 그게 무슨 말이야?"

"너는 너를 아느냐고?"

"알지. 나는 로렌스 올리버이고."

"또?"

"토마스제이 고등학교 학생이고."

"또?"

"우리 아버지의 아들이고."

"또?"

나는 입을 다물었습니다. 이런 시시한 말다툼을 하고 싶지 않았습니다.

"너는 너에 대해 아무것도 몰라. 네 가슴속에 무엇이 있는지를 모른다고. 네 머릿속에 있는 것이 아니라 네 가슴속에 있는 것을 캐내란 말이야."

"그게 뭔데?"

"그런 어리석은 질문은 하지 마. 네 가슴의 깊이는 몇 미터일까?"

나는 그런 생뚱맞은 질문에는 익숙하지 않았습니다.

"100미터라 가정하고, 자신이 누구인지 알려면 몇 미터를 파야 할까?"

"적어도 50미터는 파야 하지 않을까?"

"틀렸어. 단 1미터만 파면 돼."

마크와 벤자민의 이야기

아주 오래전, 대평원을 낀 서부의 산악 지역에 마을들이 들어서고 사람들은 금을 캐기 위해 모여들었다. 그러나 금은 쉽게 그 모습을 드러내지 않았다. 사람들이 서서히 금광 개발을 포기할 때 동부에서 한 야심만만한 청년이 왔다. 그는 마을에 도착하자마자 큰소리쳤다.

"내 이름은 마크요. 나는 금 냄새를 맡는 데 귀신같은 재주가 있소이다."

마크는 인부들을 고용해 산을 미친 듯이 뒤졌다. 그러나 그 일대의 산은 이미 내로라하는 전문가들이 한바탕 훑고 지나간 곳이었다. 돈이 거의 떨어질 무렵 그는 금맥을 발견했다. 그러나 그곳은

예전에도 서너 차례 탐사가 진행되었던 곳으로 '금 없음'이라는
결론이 난 곳이었다.

"하하. 그렇지 않아. 내 코는 절대 틀린 적이 없어요."

"당신의 코가 틀리지 않을 수는 있지만 금은 코로 찾는 것이 아니
라오."

마을 사람들은 그의 말을 비웃었다. 돈이 다 떨어진 마크는 고향
에 있는 형에게 편지를 보냈다.

"사람들은 나를 대책 없는 멍청이라 비웃지만 내가 그런 놈은 아
니지. 드디어 금맥을 발견했어."

며칠 후 마크의 형 벤저민은 말 네 마리가 끄는 거대한 마차를 몰
고 왔다. 둘은 사람들의 비웃음을 뒤로 한 채 산을 샅샅이 탐사했
다. 이윽고 벤저민은 환한 웃음을 지으며 마크의 손을 잡았다.

"확실해. 이곳이 금맥의 출발지야."

두 사람은 얼싸안으며 환호성을 올렸다. 그러나 그것도 잠시였
다. 두 사람은 돈이 없었고 마을 사람들은 낯선 외지 사람의 말을
믿지 않았다.

"대규모 장비와 인부가 필요해. 돈을 어디서 구하지?"

"투자자를 모으면 돼."

"사람들이 우리 이야기를 믿어 줄까? 그들이 선뜻 투자를 할까?"

마크의 망설임에 벤저민은 고개를 가로저었다.

"미리 부정적인 생각을 할 필요는 없어. 투자자는 얼마든지 구할 수 있어."

두 사람은 고향으로 돌아와 가족과 친척들, 친구들을 설득해 적지 않은 자금을 모았다. 사람들은 처음엔 반신반의하고 또 어떤 사람들은 코웃음을 쳤지만 서서히 벤저민의 말을 믿고 돈을 투자하기 시작했다. 두 사람은 근사한 장비들을 구입해 광산으로 돌아왔다. 그리고 마을에 '인부 구함' 전단지를 내붙였다. 다음날부터 사람들이 몰려들었다.

카운티 사무소에서 광산 개발 승인을 받은 후 대대적인 작업이 시작되었다. 이틀이 지나지 않아 벤저민의 호언장담처럼 첫 금광석을 캐냈다. 마을이 생긴 이후 가장 큰 금덩이였다. 이 소문은 삽시간에 퍼져 인부를 자원하는 사람들이 넘쳐 나기 시작했다. 마크와 벤저민은 곧 거부가 될 꿈에 부풀었다. 그러나 금은 더 이상 나오지 않았다. 아무리 파 들어가도 흙과 돌멩이뿐이었다.

"아니야, 여기서 이렇게 끝나지 않을 거야."

두 사람은 미친 듯 인부들을 독려해 산을 파고들어 갔지만 헛된 힘만 낭비할 뿐이었다.

"더 이상 금은 없어."

벤저민은 드디어 곡괭이를 내던졌다. 이 소식을 들은 인부들 역시 곡괭이를 전부 내던지고 일당을 받으러 몰려들었다. 벤저민은 은행으로 달려가 나머지 현금을 모조리 찾아 폭동이 일어날 것 같은 사태를 겨우 진정시켰다. 그러나 거기서 끝이 아니었다. 고향의 투자자들에게 갚을 빚이 산더미처럼 쌓여 있었다. 두 사람은 모든 장비를 마차에 싣고 마을로 내려와 고물상을 찾았다. 고물상 주인 앤더슨은 두 사람을 바라보며 물었다.

"금을 캐다가 쫄딱 망한 사람들이 있다던데, 댁들이시오?"

벤저민은 얼굴을 잔뜩 찌푸렸다.

"잘 알면서 뭘 물어요."

"금이 조금도 없었소?"

"제길, 아주 없지는 않았소이다. 그러나 거기서 끝이었소."

"당신들 처지가 참으로 딱하오. 그 장비들을 내가 후하게 처줄 테니 광산 개발권을 나에게 넘기시오."

순간 벤저민과 마크는 봉을 잡았다는 기분이 들었다. 그들은 낡은 장비들과 광산 개발권을 2800달러에 넘기고는 서둘러 고물상을 빠져나와 고향을 향해 부리나케 도망쳤다. 다음날 앤더슨은 도시로 나가 금광 개발 전문가 두 사람을 데려왔다. 그리고 면밀한 조사 끝에 인부들을 고용해 산을 파기 시작했다. 사람들은 그런 그

에게 "미친 짓 그만하고 고물상이나 잘하라."고 충고했으나 앤더

슨은 그 미친 짓을 멈추지 않았다.

산을 파기 시작한 지 이틀 만에 인부들은 너무 놀라 일손을 멈추

었다. 지금까지 아무도 발견하지 못한 최대의 금맥을 찾아낸 것

이었다. 그곳은 벤저민과 마크가 파다가 중단한 곳에서 불과 1미

터 떨어진 곳이었다. 사람들은 탄성과 탄식을 동시에 내질렀다.

"불과 1미터를 앞에 두고 포기했다니!"

세상을 향한 첫걸음

"졸업 후에 무엇을 할 것인지 결정했니?"

나는 고개를 가로 저었습니다. 스티븐슨 선생님은 그런 나를 물끄러미 바라보았습니다. 계절은 빠르게 바뀌어 봄이 지나고 여름이 가고 이제 9월이 되었습니다. 나는 3학년이 된 것입니다. 9월 첫 주에 선생님은 아이들을 한 명씩 불러 진로 상담을 했습니다. 모두들 자신의 미래에 대해, 꿈에 대해, 포부에 대해 이야기했지만 나는 아무것도 말할 수 없었습니다. 선생님 앞에 앉아 있는 것조차 부담스러웠지요. 선생님은 더 이상 묻지 않았습니다.

"마음의 결정이 내려지면 다시 찾아오너라."

어두운 마음으로 복도로 나와 두어 걸음 걸었을 때 뒤에서 나를 부르는 소리가 들렸습니다. 해맑은 여학생의 목소리였습니다.

"올리버."

나는 발걸음을 우뚝 멈추었습니다.

"오랜만이다."

"아, 그래."

줄리엣을 똑바로 쳐다볼 수 없었습니다. 필란과 암석 산에서 노래를 부르고 내려온 날 이후 몇 번이나 교회에 가려 했지만 용기가 나지 않았습니다. 옷을 입었다가 벗고, 다시 입었다가 벗기를 몇 번이나 되풀이했는지 모릅니다. 줄리엣은 환한 미소를 지으며 물었습니다.

"넌 진로를 결정했니?"

"아, 아직."

"난 콜로라도 대학에 진학하기로 했어."

"다행이구나, 축하해."

"아직 축하받기는 이르지. 목표로 삼았다는 것뿐이야."

"……."

그녀는 미소를 짓고는 사뿐사뿐 걸어 내 앞을 지나쳤습니다. 내가 그녀의 뒷모습을 멍하니 보고 있을 때 그녀는 고개를 돌려 큰소리로 말했습니다.

"이번 주 토요일에 교회에 오지 않을래? 네게 줄 선물이 있거든."

학교가 끝난 후 집으로 곧장 가지 않고 아버지의 가게로 갔습니다. 나는 여간해서는 그곳에 가지 않습니다. 장사에 방해가 된다고 생각했으니까요. 처음 가게를 열 때부터 지금까지 아무리 바빠도 나는 아버지와 어머니의 가게 일을 거들지 않았습니다. 그런데도 아버지는 내가 가게를 물려받기를 원하셨습니다. 과연 내가 그것을 할 수 있을까요? 여자들이나 아이들은 '괘지 모도가 있다, 괴물이 있다'라고 소리 지르며 도망치지 않을까요? 절뚝거리며 걷는 나를 거래 업체 사장들이 얕잡아 보지는 않을까요? 직원들이 내 말을 순순히 들을까요?

그러나 그것은 먼 훗날의 일이었습니다. 당장 급한 것은 그것이 아니었습니다. 다행히 필란은 가게에 있었습니다. 그는 이제 부매니저가 되었습니다. 그리고 사랑하는 사람도 생겼습니다. 그녀는 웨스트칼레가르시아 병원의 간호사였습니다. 필란은 몹시 분주했습니다. 새봄의 채소와 과일들을 진열하느라 여념이 없었습니다. 나를 발견하고는 손을 흔든 뒤 커다란 상자를 들어 올렸습니다.

"네가 가게에는 웬일로? 학교는 끝났어?"

그는 나의 대답은 기다리지도 않고 상자를 쇼핑 카트에 싣고 이리저리 다니며 진열대에 상품을 진열했습니다. 나는 그를 졸졸 쫓아다닐 수밖에 없었습니다.

"어디 보자. 수박은 좀 이르기는 하지만 이쪽에 놓으면 좋겠지."

"궁금한 게 있어."

"뭔데? 사과는 말이다. 늘 배와 나란히 놓는 것이 과연 좋을까? 우리의 고정관념 아닐까?"

"그 3층에 말이야. 미술실 앞에."

"응. 딸기는 뭐하고 어울릴까?"

"그 초상화가 있는 것을 어떻게 알았어?"

"아, 그 그림. 아주 오래전에 보았지. 나는 열세 살 때부터 탄광에서 일했어. 그나마 초등학교를 다닌 덕분에 알파벳과 숫자는 깨우쳤지만 그 이상은 배우지 못했어. 너는 배움의 의미를 아니? 나는 초등학교 때 미국의 역사를 배우면서 링컨이라는 사람을 알았어. 그리고 그가 '국민의, 국민에 의한, 국민을 위한이라는 말을 했다는 것도 배웠어. 그러나 거기에서 멈추었지. 세상을 살면서 나는 그 말에는 아주 깊은 의미가 담겨 있다는 것을 깨달았어. 하지만 정확히는 알 수 없었지. 배운다는 것은, 그런 말이 있다는 것을 아는 것에서 그쳐서는 안 돼. 그 말의 의미를 깨달아야 해. 깨달은 뒤에는 행동을 해야 하지. 하지만 나는 깨달음에 도달하지 못했기 때문에 행동을 할 수 없었어.”

필란은 잠시 멈추고는 내 눈을 바라보았습니다.

“어느 날 문득 이렇게 살아서는 안 되겠다는 생각이 들어 학교를 찾아갔어. 토요일이라 학교는 조용했어. 고등학교라는 곳을 그때 처음 가 본 거야. 신기한 마음으로 여기저기 돌아다니며 구경을 했어. 창문을 통해 음악실도 보고, 과학실도 보고, 체육관도 보았어. 너에게는 당연한 것이었겠지만 나에게는 아주 신기했단다. 그렇게 3층까지 올라갔다가 초상화를 발견한 거야.”

필란은 입으로는 이야기를 하면서 손으로는 계속 과일들을 진열했습니다. 진열이 끝나면 카트를 밀고 납품장으로 가 다른 과일을 싣고 왔습니다. 나는 여전히 그 뒤를 따라다니며 이야기를 들었습니다. 그는 잠시도 일손을 놓지 않았습니다.

"나는 그 초상화를 물끄러미 바라보았지. 초상화 속의 소년 역시 나를 보았어. 얼마나 지났을까? 한참 만에 내가 발길을 돌리려 할 때 그가 나에게 말을 하더구나."

"그림 속의 애가 말을 했다고? 뭐라고 했는데?"

필란은 알 듯 모를 듯한 미소를 지으며 나를 바라보았습니다.

"그 소년이 네게 한 말을 들려주면, 나 역시 그가 한 말을 들려주지."

어깨에서 힘이 쭉 빠졌습니다. 내가 힘없이 돌아서 몇 걸음 걸었을 때 필란이 나를 불렀습니다.

"올리버, 나를 찾아온 목적이 그게 전부가 아닐 텐데."

깜짝 놀라 그 자리에 우두커니 섰습니다.

"그것이 무엇이든 네가 하고 싶은 일을 해. 네 마음을 속여서는 안 돼. 특히 사랑은 속이기 어렵지. 사랑은 꽃과 같은 거야. 그 향기가 반드시 퍼지기 때문에 누구나 알아차릴 수 있지. 하지만 그 꽃을 따기 위해서는 벼랑 끝까지 갈 용기가 있어야 해."

토요일 아침, 오른손에 목발을 짚고 집을 나섰습니다. 1km 정도는 목발 없이 걸을 수 있으나 그 이상은 걷지 못하기 때문이었습니다. 3월의 햇살은 무척 따사로웠고 가로수에는 꽃들이

피기 시작했습니다. 나는 이어폰을 귀에 꽂고 길을 걸었습니다. 교회까지는 적어도 2km를 걸어야 했으나 조금도 힘들지 않았습니다. 그러나 저만치에 교회 첨탑이 보였을 때 나는 두려워졌습니다. 사고 이후 한 번도 가지 않은 곳이었습니다.

나는 줄리엣이 나에게 주려는 선물이 궁금했습니다. 왜 그녀는 내게 선물을 주려 할까요? 우람한 떡갈나무 두 그루가 양편에 서 있는 교회 앞마당에는 많은 사람들이 모여 있었습니다. 정문 위에는 '투손시티 학생 성가 경연 대회'라는 플래카드가 붙어 있었습니다. 멈춰 서서 그 플래카드를 유심히 보았습니다. 그리고 아무런 생각 없이 발을 내디뎠습니다.

오른발이었습니다.

집에서 나올 때 교회에 도착해 내딛는 첫 발이 왼발이면 집으로 돌아오겠다고 마음먹었었습니다. 그런데 오른발이 먼저 도착한 것이었습니다. 그때 누군가 등 뒤에서 내 어깨를 두드렸습니다. 어느새 필란이 그곳에 서 있었습니다. 나는 깜짝 놀랐습니다. 필란은 씩 웃으며 내 귀에서 이어폰을 뺐습니다.

"차를 천천히 운전하면서 1시간 넘게 네 뒤를 따라왔는데 너는 음악에 심취해서 전혀 알아채지 못하더구나. 목발을 짚고 먼 거리를 걷는 것이 힘들지 않았어?"

투손시티 학생 성가 경연대회

전혀 힘들지 않았습니다. 필란과 함께 계단에 오르자 그 끝에 한 여자가 환한 미소를 지으며 서 있었습니다. 그녀는 한 송이 꽃 같았습니다.

"올리버, 환영해."

첫 번째 팀은 베일 교회 고교 합창단이었습니다. 모두 16명이었는데 그들은 '은혜의 찬양Grateful Songs Of Praise'을 불렀습니다. 화음이 아주 조화로웠으나 극적인 맛은 떨어졌습니다. 나는 '탈락'이라고 점수를 매겼습니다. 두 번째는 카사스에서 온 팀이었습니다. 5명의 고교생이 '믿음 위에 굳게 서리라Keepers Of The Faith'를 불렀으며 특히 여학생 소프라노가 돋보였습니다. '아슬아슬한 합격' 점수를 주었습니다.

성가 경연 대회에는 모두 11팀이 참석했습니다. 나는 뒷좌석에 앉아 그들의 노래를 모두 들었습니다. 내 옆에는 필란이 앉았고 그 옆에는 필란의 연인 스테파니가 앉았습니다. 그녀는 우리보다 30분 후에 도착해 내 앞에 처음으로 모습을 드러냈습니다. 그녀는 백인이 아니었고 아프리카계도 아니었으며, 필란처럼 인디언의 후예도 아니었습니다. 훗날 필란은 그녀의 핏줄에 대해 들려주었습니다.

"할아버지가 인도에서 미국 땅으로 오셨어. 할머니는 유대계 폴란드인이었는데 2차 대전 때 피난 왔어. 두 분이 결혼해서 낳은 아들이 스테파니의 아버지야. 그런데 그 아버지가 결혼한 여자는 일본인이었어."

어려운 수학 문제를 풀 듯, 머릿속이 복잡해졌습니다.

"만약 내가 스테파니와 결혼한다면 그 다양한 혈통에 인디언의 피까지 섞이는 것이지."

피부가 약간 검은 스테파니는 동양인의 신비감을 풍겼으나 성격은 몹시 활달했습니다. 나를 보자마자 내 옆구리에 끼어 있는 목발을 빼내 이리저리 살펴보고 내 키를 눈대중으로 가늠한 뒤 필란에게 말했습니다.

"목발이 작아요. 올리버는 키가 180이 넘는데 목발 높이는 그렇지 않아요. 여기 나사 보이죠? 이걸 빼서 한 단계 높여 줘요."

"그래? 나는 까마득히 몰랐군."

필란은 목발을 거꾸로 들어 끝에 있는 나사를 풀어 높이를 조정했습니다. 그녀의 말이 맞았습니다. 그 목발은 5년 전에

산 것이었고 그동안 한 번도 높이를 조정하지 않았습니다. 필란이 목발을 내 옆구리에 끼워 주었습니다. 아까보다 훨씬 편안했습니다.

마지막 11번째 팀이 노래를 마치고 무대 아래로 내려가자 시계는 네 시를 가리켰습니다. 그런데 알 수 없게도 정작 이 교회 합창단은 무대에 오르지 않았습니다. 그래서 나는 줄리엣이 노래하는 모습을 보지 못했습니다. 11팀의 점수를 채점하는 동안 우리 셋은 내기를 했습니다. 나는 '아름다운 세상을 부른 랜초발렌시아 합창단이 1등을 할 것이라 생각했고, 스테파니는 '기뻐하라, 내 백성들아'를 부른 코라존델 합창단을 꼽았습니다. 필란은 가만히 생각하다가 이스트선더 합창단이 최고라고 했습니다. 스테파니와 나는 동시에 웃었습니다. 필란은 그저 생각나는 대로 이름을 댄 것이었습니다.

잠시 후 심사 위원장이 연단에 올랐습니다. 그를 본 순간 나는 깜짝 놀랐습니다. 그는 우리 학교의 음악 선생님인 제프리 오웬이었습니다. 심사 위원들은 처음부터 연단에 앉아 있었으나 나는 그들을 눈여겨보지 않았던 것입니다. 오웬 선생님이 직접 1등을 발표했습니다.

"투손시티 합창 경연 대회 A지구 최종 우승 팀은 랜초발렌시아!"

기쁨과 탄식, 흥분과 위로가 북적거리는 틈을 헤집고 줄리엣이 우리에게 다가왔습니다.

"어땠어?"

내가 입을 열기도 전에 필란이 먼저 대답했습니다.

"아주 감동적이었어. 하지만 나는 내기에서 졌지 뭐니."

"무슨 내기였는데요?"

"1등을 알아맞히는 것이었는데 누가 맞혔을까?"

줄리엣은 우리 세 사람을 번갈아 보다가 나를 가리켰습니다.

"역시!"

그때 나는 궁금한 생각이 들었습니다. 줄리엣은 필란을 어떻게 알까?

"오호! 필란 아저씨는 투손시티에서 아주 유명 인사야. 학교와 병원, 탄광에서 그를 모르는 사람이 없지. 3층에 있는 초상화에 귀를 기울이라고 알려 준 사람도 바로 필란 아저씨야."

필란은 장난스럽게 어깨를 쫙 펴며 가슴을 팡팡 쳤습니다. 스테파니가 그의 옆구리를 쿡 찌르며 핀잔을 주었습니다.

"아니, 겸손이야말로 최고의 미덕이라면서요!"

우리는 한바탕 웃음을 터뜨렸습니다.

"올리버, 나를 따라와. 인사할 사람이 있어."

나는 엉겁결에 의자에서 일어서 그녀의 뒤를 따랐습니다. 이 교회에는 내가 아는 사람이 없습니다. 어쩌면 있을지도 모릅니다. 학교 친구나 부모님의 친구가 분명 있을 것입니다. 궁금증 반, 기대 반으로 천천히 걸어 연단 앞으로 갔습니다. 이윽고 줄리엣은 발을 멈추었습니다.

"아! 제프리 오웬 선생님."

나는 잠시 당황했습니다. 학교 밖에서 선생님과 마주치는 일은 극히 드물었습니다. 사실 나는 학교와 집만 오가는 쳇바퀴 위의 다람쥐에 불과했습니다. 그나마 다람쥐도 학기 중에만 가능했습니다. 방학을 하면 두더지가 되었습니다. 학교 밖에서 선생님을 만나면 어떻게 해야 하는 것인지도 몰랐습니다. 이것이 열여덟 살의 로렌스 올리버였습니다.

오웬 선생님은 내게 손을 내밀었습니다. 나는 얼떨결에 그 손을 잡았습니다. 부끄러운 고백이지만 다른 사람과 악수를 하기는 그때가 처음이었습니다.

"로렌스, 나는 늘 너를 기다리고 있었단다."

"저, 저를요?"

"작년 가을에 너는 음악실에서 '수오간'을 불렀지. 그날 이후 너를 잊은 적이 없었다."

그의 말이 거짓이라 생각했습니다. 내가 그 노래를 부른 것을 정확히 기억하고 있는 건 고마운 일이지만, 그렇다면 그 후 왜 나를 한 번도 부르지 않았던 것일까요?

"언젠가 우리는 다시 만날 것이라 생각했지. 내가 너를 부르는 것보다 네가 오기를 기다리고 있었단다. 그 다리 역할을 줄리엣이 했구나."

그때 줄리엣이 내 어깨에 손을 올렸습니다. 나는 움찔 놀랐습니다.

"올리버, 오늘 합창 대회 보았지?"

"으응."

"오늘 열린 대회는 투손시티 A지구야. 다음 주에 B지구 대회가 있어. 그날 우리 교회 팀이 참가해. A지구 우승 팀과 B지구 우승 팀이 애리조나 주 대회에 참가하고. 애리조나에 있는 15개 시와 군에서 두 팀씩 참가해서 모두 30팀이 경쟁을 벌이지. 그 대회에서 우승하면 주 대표로 전국 대회에 참가해. 51개 팀이 우열을 겨루는 거야. 그런데 남학생 한 명이 빠지게 됐어. 네가 그 자리에 들어왔으면 좋겠다."

그녀의 말이 끝나기도 전에 너무 놀라 숨이 멎을 것 같았습니다.

"아, 아냐. 나, 난."

이번에는 오웬 선생님이 내 어깨에 손을 올렸습니다.

"우리는 오랫동안 토론한 끝에 너를 초대하기로 결정했단다. 특히 내가 강력하게 추천했지."

"하, 하지만 저는 교회에도 다니지 않고, 정식으로 노래를 불러 본 적도 없습니다. 또 겨우 1주일밖에 남지 않았는데."

오웬 선생님은 내 눈을 똑바로 바라보았습니다. 필란의 눈처럼 매섭지는 않았으나 거역할 수 없는 위엄이 풍겨 났습니다.

"로렌스, 아니, 올리버. 내 말을 잘 들어라. 우리의 목표는 우승이 아니야."

"그, 그럼 무엇 때문에."

그는 내 어깨에서 손을 내렸습니다. 줄리엣의 손은 언제 내려갔는지 기억조차 없었습니다.

"그 이유는 네가 한번 생각해 보기 바란다."

필란은 운전을 하면서 연거푸 휘파람을 불었습니다. 스테파니가 옆에 앉아 있으니 그 어찌 즐겁지 않겠습니까. 그러나 나는 그 즐거움에 동참할 여유가 없었습니다. 합창 대회에 참가할 것인지, 아닌지는 중요하지 않았습니다. 이미, 교회를 빠져

나오면서 참가하지 않겠다고 마음을 굳힌 터였습니다. 나는 사람들이 나를 어떻게 볼지 잘 압니다. 절룩거리며 무대에 오르면 사람들은 저를 동정의 눈으로 유심히 보겠지요. 어쩌면 '콰지모도가 나타났다'고 비명을 지르지 않는 것이 다행일 줄도 모릅니다. 그렇다고 '당신과 똑같은 한 명의 인간'이라고 주장하고 싶지도 않지만 '동정표를 주세요'라고 호소하고 싶지도 않았습니다.

정작 궁금한 것은 줄리엣이 나에게 주겠다던 선물이었습니다. 그런데 그녀는 선물의 '선'자도 꺼내지 않았습니다. 내가 먼저 물을 수는 없었습니다. 단지, 그녀는 빈말을 한 것일까요? 아니면 미끼를 던진 것일까요? 필란은 유유히 휘파람을 불며 차를 오른쪽으로 꺾었습니다. 그 길은 집으로 가는 방향이 아니었습니다.

"오늘 말이야, 내기에서 진 값은 다음에 우리 셋이, 아니 줄리엣까지 넷이 만났을 때 한턱 내지."

"왜, 왜 줄리엣까지 끼어야 하는데!"

나는 얼굴을 찡그리며 따졌습니다.

"내 맘이야. 그런데 우승 팀 알아맞히기 내기에서는 내가 졌지만 노래 부르기에서는 내가 이길 수 있어. 그러니 셋이 다시

한 번 붙어 보자고."

　나는 오늘 색다른 경험을 많이 했습니다. 1시간 넘게 길을 걸었고, 10년 만에 교회에 갔고, 줄리엣을 만났고, 아이들의 노래도 들었습니다. 모두 즐겁고 벅찬 경험이었습니다. 이런 행복이 계속되었으면 좋겠다고 생각했습니다. 하지만 행복함만큼이나 불안함도 커지고 있었습니다. 왜냐하면 이 행복 또한 곧 끝날 것 같기 때문이었죠.

　필란이 멈춘 곳은 지난겨울에 우리 둘이 올랐던 사비노 캐니언이었습니다. 캐니언은 그동안 변한 것이 하나도 없었습니다. 바위도, 바람도, 선인장도, 대초원도 여전히 그대로였습니다. 나는 힘껏 바위산을 올랐습니다. 불안함을 감추기 위해서 더욱더 힘차게 발을 내디뎠습니다. 등 뒤에서 필란이 소리쳤습니다.

　"오! 재규어보다 더 빠르구나."

　우리는 붉은 바위 아래에 앉았습니다.

　"어떻게 점수를 매기지?"

　"아주 간단해. 한 사람이 노래를 부르면 두 사람이 점수를 매기는 거야. 점수가 가장 높은 사람이 1등, 가장 적은 사람이 3등이야. 명확하게 1, 2, 3등이 가려져야 해."

　가위바위보를 해서 필란이 처음, 내가 두 번째, 스테파니가 세 번째로 부르기로 결정했습니다. 필란은 캔자스의 'Dust In The Wind'를 마치 인디언 주문처럼 바꿔서 불렀습니다. 해 보나 마나 그는 꼴등이었습니다. 나는 대평원을 향해 선 다음 클레이 에이킨의 'On My Way Here'를 불렀습니다. 갑자기 열정이 생겨 온 마음으로 노래를 불렀습니다. 모든 것을 다 잊고 노래에만 집중했습니다. 끔찍한 사고, 아픈 기억, 아버지의 고뇌에 찬 얼굴, 어머니의 눈물이 떠올라 가슴이 아파 왔지만 나는 끝까지 힘차게 불렀습니다. 내 노래가 끝나자 두 사람은 박수를 쳤습니다.

세 번째로 스테파니가 일어섰습니다. 그녀는 아주 오래된 노래인 'One Summer Night'를 불렀으나 보이스가 풍성하지 못했습니다. 그런데 어이없게도 스테파니가 1등, 나와 필란이 2등이었습니다. 그들은 서로에게 후한 점수를 준 것이었습니다.

"자, 3등이 결정되지 않았으니 한 번 더 해야 해."

그러나 두 번째에도 순위가 결정되지 않았고 세 번째 대결에서야 승부가 났습니다. 내가 1등, 스테파니가 2등, 필란이 3등이었습니다.

"모든 내기에서 내가 꼴등을 했으니 이것은 신의 뜻이야."

나는 필란의 자조 섞인 말에 슬며시 웃음이 나왔습니다. 집에 도착해 차에서 내리자 그가 말했습니다.

"올리버, 오늘 아주 즐거웠어."

그렇습니다. 나 역시 무척 즐거웠습니다. 10년 만에 동굴을 벗어나 세상 구경을 한 것이었습니다.

"형 덕분이야. 나도 고마워."

내가 차 문을 닫으려 할 때 필란이 무언가를 내밀었습니다.

"악보야. 네가 합창 대회에서 부를 노래. 우승이 목표가 아니라면 왜 그곳에 가야 하는지 곰곰이 생각해 봐."

나는 무엇을 할 것인가

나는 할 일이 무척이나 많아졌습니다. 고3이 되었으니 졸업 후에 무엇을 할 것인지 결정해야 했고, 합창 대회에 나가기 위해 노래 연습도 해야 했으며, 필란을 도와 납품도 다녀야 했습니다. 그러나 나는 아무것도 하지 않았습니다. 필란이 내게 준 악보는 받은 그대로 책상 위에 놓여 있었습니다. '어떤 노래일까?' 하는 궁금증이 들기는 했지만 펼쳐 보지는 않았습니다. 화요일 오후에 집에 돌아와 보니 악보의 위치가 약간 달라져 있었습니다. 어쩌면 어머니께서 청소를 하러 들어왔다가 펼쳐 보았을지도 모릅니다. 그러나 그날 저녁 가게에서 돌아온 어머니는 아무것도 묻지 않았습니다.

밤 10시쯤 아버지가 내 방에 오셨습니다. 아버지는 간혹 내 방에 들어와 이것저것을 묻고는 하셨습니다. 대부분 의미 없는 질문들이었습니다.

"학교는 재밌니? 아이들과는 친하게 지내고? 선생님은 잘해 주시니?"

이 질문에 내가 어떻게 대답해야 할까요?

'학교는 재미없어요. 아이들은 나를 괴물 취급해요. 선생님 은 내게 무관심해요.'

라고 사실대로 답해야 할까요?

아버지는 책상 위의 책들을 무심히 훑어보시고는 침대 끝에 앉으셨습니다.

"오늘 네 선생님이 가게에 오셨더구나. 네 진학에 대해 상의 하러 오셨어."

"……."

"나와 네 엄마는 네가 애리조나 대학의 경영학과나 회계학 과에 가기를 원한다."

"전 더 이상 학교에 가고 싶지 않아요. 더 이상 사람들에게 제 모습을 보여 주고 싶지 않고, 장사도 하고 싶지 않아요. 제가 가게에서 일하면 사람들이 모두 비웃을 거예요.”

“네가 싫다면 강요하지 않겠다. 나는 열아홉 살 때부터 로즈몬드 광산에서 광부로 일했지. 벌써 40년 전이니 이제 기억도 까마득하다. 나는 고등학교 시절에 공부가 무척이나 하고 싶었단다. 하지만 할아버지 역시 광부였고 너무 가난해서 나를 더 이상 가르칠 수 없었어. 그때 내가 가장 갖고 싶었던 게 무엇인지 아니? 나는 프랑스 어를 공부하고 싶었단다. 학교에서 제 1 외국어를 선택할 때 프랑스 어를 골랐어. 하지만 나는 프랑스 어 사전을 살 수조차 없었단다. 누가 나에게 프랑스 어 사전을 사 주면 훗날 그 은혜를 열 배로 갚겠다고 생각했지만 꿈에 불과했고.”

나는 고개를 저었습니다. 그런 고리타분한 옛이야기는 듣고 싶지 않았습니다.

“네가 일곱 살 때 자전거를 사 주었지. 그 빨간 자전거 기억나니?”

나는 잠자코 고개를 끄덕였습니다. 내가 어떻게 그 자전거를 잊을 수 있을까요.

“너는 그 자전거를 무척 좋아했어. 아침에 눈을 뜨면 자전거에 올라탔지. 어떤 날은 하루 종일 내려오지 않은 날도 있었어.

엄마가 자전거를 창고에 숨겨 놓을 정도였다."

다리가 슬금슬금 아파 오기 시작했습니다. 옛 추억은 언제나 통증을 동반했습니다. 그런 아픔을 아는지 모르는지 아버지는 말을 이어갔습니다. 나는 왜 아버지가 이 밤에 자전거 이야기를 꺼내는지 알 수 없었습니다.

"하루는 이 아빠가 탄광에서 일하다가 점심 무렵에 잠깐 시내에 나온 적이 있었어. 피닉스에서 온 중요한 손님을 만나기 위해서였지. 그런데 카페테리아에 가서 보니 집에 서류 한 장을 놓고 왔더구나. 나는 집에 전화를 걸어 엄마에게 서류를 가져오라고 했어. 엄마는 너무 바빠 나올 수 없어서 너에게 보내

면 어떻겠느냐고 했지."

"……."

"거리가 그리 멀지 않았고, 또 네가 자전거를 타고 오면 좋겠다는 생각이 들어 나는 그러라고 했지. 엄마는 자전거 뒤에 서류 봉투를 꽁꽁 묶어 주고는 네게 시계탑 아래까지 다녀오라고 했어. 그곳은 네가 자주 자전거를 타고 놀러 간 곳이었지. 그런데 그날따라 너는 웬일인지 싫다고 했다더구나. 엄마는 깜짝 놀랐지. 그 일은 너에게 전혀 어려운 일이 아니었으니 말이다. 일곱 살의 너는 다른 아이들에 비해 아주 활달했고 씩씩했어. 그 무엇보다도 자전거 타기를 좋아했지. 그런데도 너는 '오늘은 자전거 타기 싫어'라고 말하면서 엄마의 청을 거절했지 뭐니."

"……."

"엄마는 한편으로는 놀랍고 한편으로는 화가 났단다. 엄한 표정으로 '이 심부름을 하지 않으면 앞으로 절대 자전거를 타지 못하게 하겠다'고 엄포를 놓았어. 그러자 너는 울상을 지으며 마지못해 자전거를 타고 집밖으로 나왔고."

"……."

"기억나니?"

전혀 기억이 나지 않았습니다. 엄마가 나에게 그런 심부름을 시켰다는 기억도, 내가 알 수 없는 이유로 거부했다는 기억도, 울상을 지으며 마지못해 자전거에 올랐다는 것도 기억나지 않았습니다.

"엄마와 아빠는 늘 너에게 미안하단다. 그날 너에게 심부름을 시키지 않았다면 너는 아주 튼튼하고 멋진 아이로 자랐겠지. 너에게 정말 미안하구나."

나는 어둠에 잠긴 창밖을 바라보았습니다. 다리의 통증이 더 심해져 앉아 있을 수 없었습니다. 의자에서 일어나 방안을 두세 걸음 걸었습니다. 아버지가 이제 '기억나니'라고 묻지 않아도 그 이후의 일은 잘 기억합니다.

집에서 나와 왼쪽으로 꺾어 페달을 밟고, 잠시 멈추었다가 다시 앞으로 나가려 할 때 튀어나온 보도블록에 앞바퀴가 걸렸습니다. 내가 앞바퀴를 들어 올리고 힘차게 페달을 밟았을 때 자동차 한 대가 엄청난 속도로 돌진해 왔습니다. 그 이후는 기억나지 않습니다.

"우리는 그날 이후 너에게 아무것도 요구하지 않았고, 강요하지 않았단다. 네가 사고가 난 것은 엄마 아빠가 너에게 무리한 부탁을 했기 때문이었어. 너에게 심부름을 시키지 않고 엄마가 갔더라면 너는 사고를 당하지 않았을 거야. 또 네가 싫다고 거절했을 때 분명 이유가 있다고 생각했어야 했는데 엄마는 단지 투정이라 여겼지. 모두 우리의 잘못인 게야. 그래서 그날 이후 우리는 너에게 그 무엇도 강요하지 않기로 맹세했단다.”

나는 창문 앞에 우두커니 섰습니다. 어둠에 잠긴 도로에는 차가운 가로등만이 빛을 발하고 있었습니다. 차 한 대가 ‘쉬잉’ 소리를 내며 저편으로 사라졌습니다. 아버지는 차분한 목소리로 말을 이었습니다.

“그런데 이제 그 맹세를 깨야 할 때가 되었구나.”

그제야 나는 그날 이후 어머니와 아버지가 내게 단 한 번도 ‘안 된다’라고 말한 적이 없었다는 것을 깨달았습니다. 또 ‘이것을 해라’ 하고 말한 적도 없었습니다. 나는 이제 다리보다 가슴이 더 아파 왔습니다.

“이 아버지는 네가 세상을 향해 나아가기를 바란단다. 매일 밤이면 네가 마당에서 부르는 노래를 들으며 엄마 아빠는 때로는 슬프고 때로는 행복했단다. 지난 10년의 삶이 너에게 고통의 시간이었다는 것을 잘 안다. 그럼에도 우리는 너의 삶을 대신 살아 줄 수 없어. 그렇기 때문에 이 아버지는 맹세를 깨기로 했다. 어쩌면 너에게 마지막으로 강요하는 것일지도 몰라. 너는 네가 하고 싶은 일을 찾아 부딪쳐야 해."

아버지는 침대에서 일어섰습니다.

"그날을 떠올리면 네 오른쪽 다리가 아파 온다는 것을 우리는 잘 안다. 하지만 엄마 아빠 역시 다리가 아파 온다는 사실을 알고 있니?"

나는 깜짝 놀랐습니다. 아버지는 내 어깨에 손을 올렸습니다.

"너의 다리가 아픈 것 이상으로 엄마와 아빠의 다리도 아프단다. 이제 우리는 네가 더 이상 아픔을 느끼지 않기를 바란단다."

아버지의 손이 희미하게 떨렸습니다. 그리고 그 깊은 눈에 이슬이 맺혀 있었습니다. 아버지는 나를 힘차게 껴안았습니다.

"올리버, 우리는 너를 영원히 사랑한단다. 그리고 네가 자랑스러운 아들이 될 것이라 굳게 믿는단다."

다리의 통증이 씻은 듯 사라졌습니다. 가슴의 아픔도 사라졌습니다.

"아버지. 이제 다리가 아프지 않아요."

"그래, 너는 처음부터 다리가 아프지 않았어. 그 튼튼한 다리로 이 세상을 향해 힘차게 나아가거라."

1000번의 의미

수요일 아침 나는 목발을 짚고 학교에 갔습니다. 그동안 목발을 짚고 학교에 간 적은 없었습니다. 아버지의 차를 타고 가거나 보조 기구를 착용하고 다녔습니다. 그러나 오늘은 목발이 필요했습니다. 아니나 다를까 껄렁껄렁하기로 소문난 녀석이 내가 교문에 들어설 때 비웃음에 찬 눈으로 비아냥거렸습니다.

"헤이, 올리버, 네 옆구리에 있는 게 뭐냐?"

나는 모른 체할까 하다가 한마디 해 주었습니다.

"목발 처음 봐?"

"오호! 마치 전장에서 돌아온 영웅 같으시네."

다른 때 같으면 목발이 부끄러웠겠지만 나는 이제 아무렇지도 않았습니다. 나는 의연한 얼굴로 그에게 말했습니다.

"눈이 좋지 않아 안경을 쓴 걸 부끄러워 하는 사람이 있을까? 나에게 이 목발은 단지 안경에 불과해."

녀석은 깜짝 놀랐습니다. 그뿐만이 아니라 옆에 있던 아이들도 눈을 둥그렇게 떴습니다. 내가 그렇게 반박하기는 평생 처음이었습니다. 그러나 이 세상에는 박애주의자만 있는 것은 아닙니다. 2교시가 끝난 후 화장실을 다녀온 사이 누군가 내 목발에 낙서를 해 놓았습니다. 검은 매직으로 '나는 올리버의 네 번째 다리예요'라고 써 놓은 것이었습니다. 내 얼굴이 빨개졌을까요? 아닙니다. 내가 만약 얼굴이 빨개지면서 다리에 통증을 느꼈다면 저 멀리에 있는 어머니 아버지의 다리에도 아픔이 찾아들 것입니다. 이제 두 분에게 더 이상 아픔을 드리고 싶지 않았습니다. 나는 그들의 자랑스러운 아들이었고, 두 분은 나의 사랑하는 부모님이었습니다. 사랑은 모든 것을 이길 수 있습니다. 나는 태연한 얼굴로 펜을 꺼내 낙서를 지우려다가 그대로 놔두었습니다. 네 번째 다리란 것도 그리 틀린 말은 아니었으니까요.

수업이 끝나자 오후 다섯 시가 되었습니다. 책가방을 매고 목발을 짚고 학교를 나서 빠른 걸음으로 교회로 향했습니다. 집에 들러 교회에 가면 늦을 것 같아 아예 학교에서부터 출발한 것입니다. 먼 거리를 걸어야 했기에 아침에 학교로 목발을 가져온 것입니다.

10분 정도 길을 걸었을 때 뒤편에서 '빵-' 하는 클랙슨 소리가 들렸습니다. 돌아보니 같은 반 앤드류였습니다.

학교 아이들 중에는 차를 가지고 다니는 아이들이 몇 명 있었습니다. 앤드류도 그중 하나였습니다. 아버지가 주 의회 의원이고 토토리타 광산의 사장이었기에 그는 우리 집과 비교할 수 없을 정도로 부자였습니다. 그는 공부도 잘했고 리더십도 뛰어나 전교 학생회장을 맡고 있습니다. 그의 주위에는 언제나 친구들이 넘쳐 났습니다. 당연히 그와 이야기를 나눠 본 적은 없었습니다. 그는 창문을 내리고는 친절하게 물었습니다.

"올리버, 어디 가니?"

"으응. 프림로즈 교회에."

"그곳은 네가 걷기엔……, 아니, 누구라도 걸어가기엔 좀 무리인데."

"괘, 괜찮아. 이 목발이 있잖아."

나는 씩 웃으며 목발을 흔들었습니다. 그러나 사실 나는 교회까지 어떻게 걸어가나 은근히 걱정하던 차였습니다.

“내가 태워 줄게. 나도 그쪽으로 가야 하니까.”

거절을 하면 안 될 것 같아 나는 차에 올랐습니다.

“고마워.”

“고맙기는, 우린 친구잖아.”

친구? 내가 친구라는 단어를 듣기는 그때가 처음이었습니다. 그렇습니다. 나는 처음이 너무 많았습니다. 여학생과 말을 나누기도 줄리엣이 처음이었고, 짓궂은 아이의 놀림에 당당하게 응대하기도 처음이었고, 친구의 차를 얻어 타기도 처음이었습니다. 앤드류는 내가 편하게 탈 수 있도록 의자를 뒤로 밀어 주면서 물었습니다.

“아버지는 잘 계시니?”

“응? 응.”

열여덟 살 고등학생이 친구 아버지의 안부를 묻기는 조금 어색했습니다. 아마도 그는 자신의 아버지에게서 배려와 헌신 같은 걸 배웠던 모양입니다.

“우리 아버지는 언제나 바빠. 일주일에 한두 번 얼굴을 보는 게 고작이야.”

"네 아버지는 유명 인사시니까."

"그게 딱히 좋지는 않다는 말이지. 그런데 필란 아저씨는 참 재주가 많더구나."

"너도 필란을 알아?"

"잘 알지. 쉬니 선생님, 필란."

"쉬니? 선생님?"

"너 모르는구나. 우리 학교에 쉬니 동아리가 있거든. 쉬니 동아리의 코치가 바로 필란 아저씨야."

나는 전혀 모르는 사실이었습니다. 필란은 왜 그런 이야기를 하지 않았을까요?

"쉬니가 뭐야?"

"인디언 놀이의 일종인데 필드하키와 비슷해. 보름에 한 번 야구장 뒤편에서 쉬니를 해."

"그, 그렇구나."

"교회에서 모임이 있나 보지?"

"아아, 그, 그냥……."

"넌 졸업하면 뭘 할 거야?"

"아, 아직……."

"나는 매사추세츠 공과 대학에 응시하기로 했어."

“그래. 잘 됐구나.”

“처음에 아버지는 내가 하버드나 예일의 정치학과에 가기를 바랐지만 나는 과학이 좋아.”

나는 고개를 끄덕였습니다. 그는 과학 실습 시간에 언제나 A＋를 받았고, 선생님보다 더 능숙하게 실험 기구들을 다루었습니다.

“나중에 우리 집에 한번 와. 내가 과학 실험 기구들을 보여 줄게.”

“그, 그래.”

차는 어느덧 교회에 도착했습니다. 그는 차를 멈추게 하고는 빠르게 차에서 내려 내편으로 달려와 문을 열어 주었습니다. 나는 당황했습니다. 그런 대접은 너무 과분했습니다. 차에서 내려 목발을 짚고는 엉겁결에 그에게 오른손을 내밀었습니다. 악수를 하자는 뜻이었습니다. 지난번 교회에 왔었을 때 오웬 선생님이 내게 악수를 청했던 기억이 떠올라서였습니다. 사내들은 밖에서 만나면 악수를 하는 것이라고 배운 것입니다. 앤드류는 씩 웃으며 내 손을 꽉 잡았습니다.

교회에는 벌써 아이들이 여러 명 모여 있었습니다. 내가 들어서자 그들은 이야기를 멈추고 동시에 나를 바라보았습니다.

20개가 넘는 눈동자가 동시에 나를 주시하는 것이었습니다. 누군들 그런 눈길에 당황하지 않을 수 있을까요.

"올리버!"

그때 줄리엣의 목소리가 들렸습니다. 3초 이내에 그녀의 목소리가 들리지 않았다면 나는 돌아서 집으로 갔을 것입니다.

우리는 모두 12명이었습니다. 여학생과 남학생이 반반이었습니다. 3학년인 제임스가 지휘를 맡았습니다. 우리는 오웬 선생님의 피아노 반주에 맞춰 노래 연습을 시작했습니다. 나는 어젯밤 아버지가 나가신 후 악보를 펼쳐 보았습니다. 내가 잘 아는 '이 몸의 소망 무언가We Have Built This House On Faith'였습니다. 새벽 2시까지 나는 작은 목소리로 여러 번 노래를 불렀습니다. 그러나 그것은 나 혼자만의 노래였고 이제 11명과 조화를 이루어야 했습니다. 이 일은 쉽지 않았습니다.

연습을 시작하기 전에 오웬 선생님은 내게 독창을 시켰습니다. 실력을 가늠하기 위해서였습니다. 부끄럽기는 했지만 통과 의례였기에 나는 눈을 감고 줄리엣의 피아노 반주에 맞춰 노래를 불렀습니다. 노래가 끝나고 눈을 뜨자 교회 안은 조용했습니다. 그리고 갑자기 박수가 쏟아졌습니다. 몇몇 아이들은 눈을 휘둥그레 떴습니다. 정작 깜짝 놀란 사람은 나였습니다. 그런 눈길을 받은 적이 한 번도 없었기 때문입니다. 언제나 의도적인 무관심, 호기심, 경멸감, 측은함뿐이었습니다. 오웬 선생님은 아무런 말씀이 없었습니다. 오히려 합창 연습이 시작되자 꾸지람이 이어졌습니다.

"올리버, 우리는 지금 합창을 하고 있어. 너만의 독창이 아냐. 합창은 여러 사람이 목소리를 맞추어 노래를 부르는 거야. 무슨 뜻인지 알아? '맞추어야 해.'"

연습은 여러 번 중단되었습니다. 10시가 되어서야 연습이 끝났습니다. 그 다음날에도 10시에 끝났고 그 다음날에는 11시에 끝났습니다. 토요일에는 아침부터 교회에 모여 하루 종일 노래를 불렀습니다. 나는 수요일부터 토요일까지 적어도 70번 이상이 노래를 불렀습니다. 입에서 구토가 나올 지경이었습니다. 다른 아이들은 적어도 150번 이상은 불렀을 것입니다. 오웬 선생님과 줄리엣이 번갈아 피아노를 쳤습니다.

지휘를 맡은 제임스는 "팔이 아파 더 이상 지휘를 할 수 없어요."라고 하소연을 했고, 줄리엣 역시 "손가락이 잘 움직이질 않아요."라고 말했지만 오웬 선생님은 들은 척도 하지 않았습니다.

"시인이 한 편의 시를 발표하기 위해서는 적어도 100편의 시를 완성해야 하고, 천 편의 시를 습작해야 하고, 만 편의 시를 읽어야 해. 우리는 이제 겨우 163번을 불렀을 뿐이야. 천 번에 서 837번이나 부족하지."

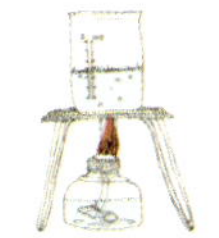

파란 바지와
알코올램프

나는 파란 바지의 솔기를 만지작거렸습니다. 우리는 무대 아래 앉아 심사 결과를 기다리고 있었지요. 열두 팀이 참가했고 그중 한 팀만이 다음 대회에 올라갈 수 있었습니다. 우리는 파란색 양복을 입었습니다. 내가 참여하기 전에 그만둔 남학생의 옷을 물려 입었습니다. 새로 맞추기에는 시간이 부족했지요. 상의는 얼추 맞았지만 바지는 맞지 않았습니다. 사실 어느 바지든 내게 맞는 것은 없었습니다. 늘 어머니가 수선을 해 주셨습니다. 목요일 밤에 내가 바지를 들고 집으로 왔을 때 어머니는 늦은 시간임에도 재봉틀을 돌리셨습니다. 그 재봉틀은 아주

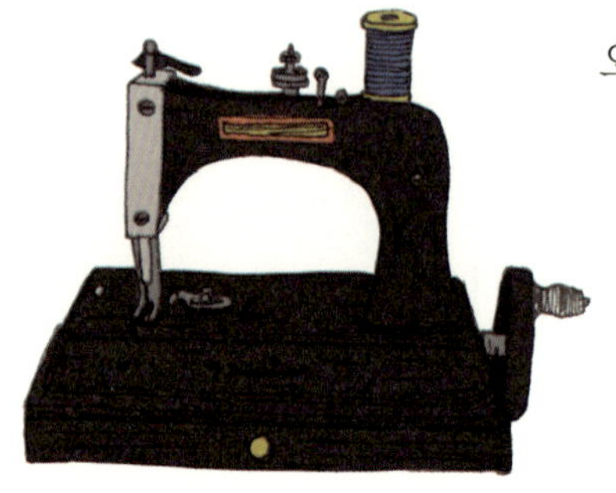

오래된 싱어 재봉틀로 어머니가 결혼할 때 가져온 혼수품이었습니다. 다른 집에서도 재봉틀을 사용하는지 알 수 없지만 우리 집에서 가장 중요한 살림살이인 것만은 틀림없습니다. 나는 일곱 살 이후부터 새 옷을 살 때마다 어머니가 재봉틀 앞에 앉아 바지를 수선하는 모습을 지켜보았습니다. 그때마다 어머니는 살짝 눈물을 흘리셨습니다.

그 밤에도 어머니는 눈물을 흘리셨습니다. 그러나 그 눈물이 지금까지의 눈물과 전혀 다르다는 것은 누구나 알 수 있었습니다. '드르륵 드르륵' 소리를 내며 내 바지를 고치는 어머니는 많은 눈물을 흘리셨습니다. 아버지는 그런 어머니의 뒷모습을 말없이 지켜보았습니다. 어쩌면 아버지의 가슴속에도 강물 같은 눈물이 흐를 것입니다.

이윽고 심사 위원장이 연단에 올라섰습니다. 교회를 가득 메운 사람들의 소곤거림이 멈추었습니다. 그는 순위가 적힌 종이를 펼치고는 사람들을 훑어보았습니다. 그리고 인자한 미소를 지은 뒤 몇 마디 말을 했습니다. 모두에게 감사한다는, 혹 탈락

할지라도 실망하지 말라는 말을 했을 것입니다. 내 귀에는 그의 말이 전혀 들리지 않았습니다. 잠시 후 환호성이 들렸습니다. 3등이 호명된 것입니다. 그리고 또 한 팀이 환호성을 올렸습니다. 2등이 호명된 것입니다. 그들은 비록 다음 대회에 참가하지는 못하지만 2, 3등을 했다는 것에 크게 기뻐했습니다. 이제 한 팀이 남았습니다. 나는 오히려 마음이 차분해졌습니다. 탈락한다고 해도 이상할 건 하나도 없다고 생각했습니다. 오웬 선생님의 말처럼 천 번에 미치지 못했기 때문이었지요. 내가 숨을 한 번 크게 내쉴 때 심사 위원장이 한 팀을 호명함과 동시에 교회가 떠나갈 듯 함성과 박수가 터졌습니다. 나는 그 팀의 이름을 듣지 못했습니다. 그때 내 옆에 앉아 있던 모든 아이들이 벌떡 일어나 서로를 얼싸안고 있는 것이었습니다. 누군가가 내 손을 잡았고 그는 나를 껴안았습니다.

"올리버, 우승했어. 우리가 우승했다고!"

한 달 후 우리는 '애리조나 고교 성가 합창 대회'에 참가했습니다. 피닉스, 시에라비스타, 글로브 등 15개 시와 군에

서 모두 30개 팀이 참가했습니다. 이 중에서 단 1팀만이 워싱턴에서 열리는 '전미 고교 성가 합창 대회'에 진출할 수 있습니다. 투손시티에서 겨룬 시 대항 합창 대회와는 비교가 되지 않았습니다. 나는 아침 일찍 교회 버스로 아이들과 함께 피닉스로 갔고 어머니와 아버지는 1시간 후에 차로 출발했습니다. 필란은 스테파니를 태우고 왔습니다. 학교 친구들도 넷이나 왔습니다. 그들은 앤드류의 차를 타고 왔는데 분명 줄리엣 때문에 왔을 것입니다.

우리는 여전히 파란색 옷을 입었고 지휘자에게서 시선을 떼지 않으면서 힘차게 노래를 불렀습니다. 그리고 8등을 했습니다. 모두 실망하는 표정이 역력했지만 나는 실망하지 않았습니다. 어머니와 아버지도 마찬가지였습니다. 이렇게 큰 무대에 올랐다는 사실만으로도 두 분을 흥분하게 만들었습니다.

시티홀 프라자는 수많은 사람들로 북적였습니다. 2000명이 넘는 사람들과 차들로 혼란스럽기 그지없었습니다. 내가 무대 아래로 내려오자 어머니는 내 손을 꼭 잡았습니다.

"올리버, 정말 잘했다."

나는 무의미하게 씩, 웃었습니다. '정말' 잘했다면 8등에 머물지는 않았을 것입니다. 아버지는 아무런 말이 없었고, 필란은 내 어깨를 두드리며 "옷이 정말 잘 어울리는구나."라고 했습니다. 그때 앤드류가 다가왔습니다. 그는 어머니 아버지에게 정중히 인사를 하고는 내 손을 잡아끌었습니다.

"나랑 잠깐 갈 데가 있어."

"어, 어딜?"

"따라와 봐."

그는 사람들을 헤집으며 앞으로 나아갔습니다. 나는 그를 따라가기가 쉽지 않았습니다. 그가 멈춘 곳은 무대 아래였습니다. 무대 위에도 사람들이 많았습니다. 그들은 모두 VIP들이었습니다. 명예 심사 위원장을 맡은 주지사를 비롯해 애리조나 주립 대학 총장, 신문사 사장, 방송국 사장, 검사와 판사들이 있었습니다. 나는 그런 사람들을 직접 보기는 처음이었습니다. 그러나 앤드류는 그들과 잘 아는 듯 몇몇 사람과 친근하게 인사를 한 뒤 나를 한 사람 앞에 세웠습니다.

"아버지, 내 친구 올리버예요."

"아하! 그렇구나."

"아, 안녕하세요."

그는 매우 위엄이 있으면서도 다정한 얼굴이었습니다.

"네가 무대에서 노래 부르는 모습을 보았단다."

"가, 감사합니다."

나는 고개를 숙이며 손을 내밀었습니다. 사내는 밖에서 만나면 악수를 해야 한다는 원리를 실천하기 위해서였습니다.

"하핫. 매우 씩씩하구나."

그는 호탕하게 웃었습니다. 앤드류를 따라 계단을 내려오면서 나는 궁금한 생각이 들었습니다. 오늘 합창 대회에 참가한 학생은 줄잡아 300명이 넘었습니다. 그 많은 학생들 중에서 앤드류의 아버지는 나를 기억하고 있었던 것입니다. 역시 나라는 사람은 눈에 띄는 존재일까요?

잔치는 끝났습니다. 내 삶은 원래 자리로 돌아왔습니다. 변한 것은 하나도 없었습니다. 나는 더 이상 교회에 나가지 않았고 줄리엣은 공부를 하느라 늘 도서관에 있었으며 어머니 아버지는 가게 일로 바빴습니다.

"올리버, 오늘 우리 집에 가지 않을래?"

수업이 끝나 집으로 돌아가려 할 때 앤드류가 말했습니다. 언젠가 자신의 집에서 과학 실험 기구를 보여 주겠다고 한 약속을 지키기 위해서였을 것입니다. 나는 학교 끝난 후 딱히 할 일이 없었거니와 부자들은 어떻게 사는지 궁금했기에 흔쾌히 그의 차에 올랐습니다. 투손시티를 가로지르는 릴리토 강을 건

너 이스트로드 반대편에 있는 앤드류의 집은 우리 집보다 세 배는 더 컸고, 3층이었으며 작은 수영장도 있었습니다. 사방 500미터 주변은 전부 선인장이 우거진 초원이었으며 대저택들이 띄엄띄엄 자리를 잡고 있었습니다.

그렇게 넓은 집에 들어가 보기는 처음이었습니다.

앤드류의 방은 3층이었고 침실 옆에는 작은 실험실이 있었습니다. 비커, 피펫, 플라스크, 온도계, 현미경, 축전지, 콘덴서, 인체 모형 등 크고 작은 기구들이 방안에 가득했습니다. 그 많은 기구들을 보고 나는 입을 다물지 못했습니다.

"에디슨 못지않구나."

내가 아는 과학자는 에디슨이 전부였기에 엉겁결에 그렇게 말했습니다.

"에디슨은 과학자라기보다는 발명가지. 엄밀히 따지면 에디슨은 부지런히 노력한 실패자야."

"실패자?"

"전구를 발명하기 위해 천 번 넘게 실패를 했으니까."

순간 오웬 선생님의 말이 떠올랐습니다. '한 편의 시를 짓기 위해서는 천 편을 습작해야 한다.' 누군들 천 번씩이나 도전할 수 있을까요? 문득 왜 앤드류가 나에게 이처럼 호의를 베푸는지 궁금했습니다. 나는 망설이다가 그에게 물었습니다.

"앤드류, 너는 친구도 많은데……. 왜 나에게 이렇게 잘 대해 주는 거지?"

"음, 나는 공부든 과학 실험이든 뭐든 노력하면 다 된다고 생각했어. 그런데 잘 안되는 게 있더라."

"그게 뭔데?"

"바로 노래야. 그러다가 학교에서 네가 부르는 노래를 듣고 깜짝 놀랐어. 한 편 부럽기도 하고, 한 편 네게 노래를 배우면 나도 잘 부를 수 있지 않을까 생각했지."

"말도 안 돼."

"정말이야. 그 후 너를 다시 보게 됐어."

앤드류의 솔직한 마음을 들은 후 나는 무척 기뻤습니다. 노래를 잘한다고 인정을 받아서가 아니라 친구가 생겼기 때문입니다.

"네게 노래를 배우는 대신, 나는 네게 재미있는 실험을 하나 보여 줄게."

그는 손뼉을 짝, 한 번 치고는 기구들을 하나씩 꺼내 탁자 위에 올려놓았습니다.

"이 실험은 촉매에 관한 것이야."

나는 그의 행동을 지켜보았습니다. 촉매는 '무언가를 촉진시키는 것'이라는 생각이 떠올랐으나 그렇게 단순히 말하면 안 될 것 같아 입을 다물었습니다.

"촉매는 화학 반응에서 반응의 속도를 조절해 주거든. 쉽게 말하면, 빨리 반응하는 것이 정촉매이고, 천천히 반응하는 것이 부촉매지."

그는 투명한 비커에 물을 부었습니다.

"이건 과산화수소야. 여기에 주황색 색소를 넣으면 당연히 주황색으로 변하겠지. 그리고 흔든 다음에 주방 세제를 넣고……."

그는 주황색으로 변한 비커를 탁자 위에 올려놓았습니다.

"여기에 요오드화칼륨 가루를 아주 조금씩 떨어뜨리면……."

잠시 후 탁자 위에 놓인 비커 안에서 고체 구름이 뭉게뭉게 솟아났습니다. 나는 깜짝 놀랐습니다. 구름이 아니라 용이 뱉은 침 같았습니다. 솜사탕 같기도 하고 커다란 빵 같기도 했습니다. 재미는 거기까지였습니다.

"과산화수소수를 분해시키면 물과 산소가 생성되지. $2H_2O_2$가 $2H_2O$와 O_2로 변하는 거야."

학교도 아닌 곳에서 화학식을 들으니 머리가 멍해지는 느낌이었습니다.

"얼마 전 화학 시간에 배웠잖아?"

나는 당연히 안다는 듯 고개를 끄덕였습니다. 앤드류는 내 마음을 아는지 모르는지 새로운 기구 하나를 꺼내 탁자 위에 올려놓았습니다. 작은 알코올램프였습니다. 그 위에 삼각대를 올리고 다시 그 위에 100ml 비커를 올렸습니다. 그리고 물을 부은 뒤 알코올램프에 불을 붙였습니다. 실험이라고 할 것도 없는 아주 간단한 장치였습니다. 그저 물을 끓이는 것이었습니다.

물이 서서히 데워지자 그는 내게 기다란 온도계를 건넸습니다.

"지금 물이 몇 도지?"

나는 온도계를 물에 넣은 뒤 꺼내 눈금을 읽었습니다.

"74도야."

30초 뒤 그는 심각한 표정으로 다시 물었습니다.

"지금은 몇 도지?"

나는 온도계를 물에 넣은 뒤 꺼내 눈금을 읽었습니다.

"99도야."

그 말을 하는 순간 물이 공기 방울을 일으키며 팔팔 끓기 시작했습니다.

"지금은 몇 도일까?"

그의 의도를 알 수는 없으나 다시 온도계를 물에 넣은 뒤 꺼내 읽었습니다.

"100도야."

앤드류는 씩, 미소를 지었습니다.

"맞아, 100도야."

그런 다음 알코올램프의 불을

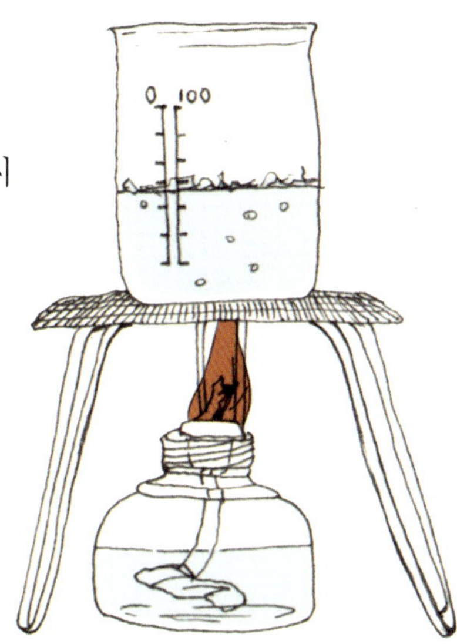

껐습니다. 실험은 그렇게 끝났습니다. 그러나 아까와 달리 그는 아무런 설명도 덧붙이지 않았습니다. 내가 이번 실험도 '잘 알고' 있다고 생각했기 때문일까요? '이 실험의 목적은 뭐지?'라고 물을 수 없었습니다. 창피했으니까요.

"아주 단순하지만 매우 의미심장하지 않니? 물은 100도에서 끓어오른다는 게? 단 1도라도 부족하면 안 돼. 다만, 순수한 물이어야만 하지."

역시나 내가 이해할 수 없는 말이었습니다. 그때 앤드류의 아버지가 돌아왔습니다. 앤드류의 말처럼 일주일에 두세 번 보는 아버지가 오늘 집에 오시는 날이었던 것입니다.

"아! 저번 합창 대회에서 본 친구로군."

그는 나를 기억하고 있었습니다. 순간 그날 느꼈던 좋지 않았던 감정이 떠올랐습니다. 그 많은 학생들 중에서 나를 단번에 기억한 것은 장애인이기 때문일 테니까요. 그는 '저녁 식사는 했느냐? 아버지 가게는 잘되느냐? 공부는 잘하느냐? 졸업 후에 무엇을 할 것이냐, 요즘도 노래를 부르느냐? 쉴 새 없이 물었습니다. 나는 차례대로 대답했습니다. 잘했습니다, 잘 모르겠습니다, 못합니다, 아직 결정하지 않았습니다, 하지 않습니다. 긍정의 대답은 딱 하나였습니다. 그럼에도 그는 인자하게 웃어 주었습니다. 그리고 의자에 앉았습니다.

"너를 다시 만나면 이 이야기를 꼭 해 주고 싶었단다."

가난했던 한 목장 소년의 이야기

텍사스에는 소가 전부 몇 마리나 될까? 그 누구도 정확한 숫자는 알 수 없지만 대략 1000만 마리가 넘는다. 그 숫자는 텍사스의 인구와 맞먹는다. 하지만 크리스토퍼의 집에는 소가 한 마리도 없었다. 아버지는 카우보이였지만 자신의 소는 한 마리도 키우지 못했고 평생 다른 사람의 목장에서 일하며 생을 유지했다. 그는 포르스톡턴이라는 작은 읍에서 태어나 평생 그곳에서 한 발자국도 벗어난 적이 없었다. 휴스턴이나 댈러스 같은 도시조차 가 보지 못한 '촌놈'이었다. 크리스토퍼가 태어났을 때 작은 거실에는 근엄한 표정의 군인을 그린 낡은 초상화 하나가 걸려 있었다. 그는 오래된 군복을 입었고 가슴에는 훈장이 주렁주렁 매달려 있었다. 그 남자는 1836년 알라모 전투에서 혁혁한 공을 세운 증조할아버지였다.

"네 증조할아버지는 위대한 군인이었어. 옛날에 텍사스가 멕시코 영토였을 때 군대를 조직해 멕시코 군과 싸웠지. 그리고 독립을 쟁취했단다."

하지만 그것뿐이었다. 아버지는 술주정뱅이였고 어머니는 아침부터 밤늦게까지 일했지만 집안은 언제나 가난했다. 크리스토퍼는 초등학교를 졸업한 뒤 곧바로 목장에서 일을 시작했다. 그 역시 아침부터 밤까지 카우보이들의 뒤를 따라 다니며 소들을 돌보았다. 그러나 크리스토퍼는 영리했고 부지런했다. 거친 카우보이들이 술을 마시거나 카드놀이를 할 때 그는 창고에 버려진 낡은 책들을 꺼내 밤새워 읽었다. 역사, 철학, 시, 소설 들을 쉬지 않고 읽었다.

어느 날 아침 크리스토퍼는 여느 때처럼 카우보이들의 뒤를 따라 초원으로 나갔다. 소들은 말을 잘 들었으나 언제나 말썽꾼은 있기 마련이었다. 한 마리가 갑자기 무리에서 벗어나 초원으로 달리기 시작했고 소몰이 개가 컹컹 짖으며 그 뒤를 따랐다. 이어 카우보이 한 명이 소를 쫓아 말을 몰았다. 잠시 후 소는 무리로 돌아왔고 카우보이는 거친 숨을 내쉬며 크리스토퍼에게 왔다.

"이놈의 소가, 아침부터 난리로군, 얘야. 시원한 물 좀 다오."

크리스토퍼는 커다란 나무통에서 물을 길어 올려 그에게 건넸다.

"카, 시원하구나. 그런데 너는 무엇을 하고 있니."

"나무를 깎고 있었어요."

크리스토퍼는 기다랗고 가는 나무의 끝을 뾰족하게 깎는 중이었다. 카우보이들은 딱히 할 일이 없을 때면 햇빛을 가리는 작은 텐트를 치고 그 아래에 누워 교대로 낮잠을 잤다. 그 받침대 하나가 부러져 새것을 만드는 중이었다.

"이리 줘 보렴. 어디 보자, 이렇게 해서는 하루 종일 걸리지."

그는 나무를 받아 이리저리 살펴보고는 옆구리에서 칼을 꺼냈다. 그 칼은 20cm가 넘는 헌팅용 보위칼Bowie Knife이었다. 언뜻 보면 히틀러 유켄트 단원용 칼과 비슷했다.

"이런 것은 말이다. 이런 멋진 칼로 슥슥 쳐내면 금방 잘리지. 이 끝을 잡아 보렴."

크리스토퍼는 그가 시키는 대로 끝을 잡았고 카우보이는 '슥슥

칼질을 했다. 그리고 크리스토퍼는 갑자기 손끝이 매우 시원해지는 것을 느꼈다. 그렇게 시원한 감각은 처음이었다. 뒤이어 손가락 끝에서 붉은 피가 분수처럼 솟았다. 정신을 차렸을 때는 병원이었고 왼손 두 번째와 세 번째 손가락이 사라진 후였다.

손가락 두 개를 잃은 보상으로 크리스토퍼는 중학교 졸업 검정고시를 치렀고 댈러스에 있는 상업 고등학교에 진학했다. 천만다행으로 목장 주인은 마음이 너그럽고 합리적인 사람이었기에 고교 졸업 때까지의 학비를 지원해 주겠다고 했다. 그러나 그럴 필요가 없었다. 크리스토퍼는 장학생으로 기숙사에 들어갔으며 3년 후 텍사스 주립 대학에 진학했다.

목장 주인은 목축학을 배워 자신의 농장에서 일하기를 바랐으나 크리스토퍼는 석유에 미래가 있다고 판단해 공학을 전공했다. 졸업 후 뉴욕의 석유 무역 회사에 취직해 승승장구했으며 서른일곱 살에 자신의 회사를 차려 많은 돈을 벌었다. 마흔다섯 살이 되었을 때 고향으로 돌아간 친구에게서 연락이 왔다. 그는 애리조나 출신이었다.

"크리스토퍼. 나는 10년 전부터 이곳에서 구리 광산을 경영하고 있네. 그런데 내가 재주가 없는가 봐. 회사 경영이 어려움에 빠졌네. 잠시 와서 좀 도와주게나."

크리스토퍼는 그 청을 거절하기 어려웠다. 또 번잡한 뉴욕을 떠나 한적한 곳에서 인생을 마무리하고 싶었다. 그는 2-3년만 애리조나에 머문 뒤 고향 텍사스로 돌아가기로 결심했다. 그러나 2-3년은 순식간에 10년이 되었다. 그동안 그가 인수한 토토리타 광산은 굴지의 기업으로 자리 잡았고, 주 의회에도 진출해 존경받는 경영인이자 정치인이 되었다.

"술주정뱅이의 아들이 꿈을 이룬 것이지."

나는 어느 편이냐면, 마지못해 수긍하는 편이었습니다. 그런 성공 이야기는 주변에 아주 많았기 때문입니다. 하지만 초등학교를 겨우 졸업한 아이가, 그것도 두 손가락이 없는 아이가 끊임없이 노력해 대학 졸업장을 따고 광산 회사의 사장이 되고 주 의회 의원이 된 것은 큰 성공이라 할 수 있었습니다.

"그의 삶이 성공이라 한다면, 그 성공의 요체는 무엇일까?"

예상치 못한 질문에 나는 당황했습니다. 그러자 앤드류가 대답했습니다.

"도전 아닐까요?"

"글쎄, 어떤 의미에서는 도전이라고도 할 수 있지. 하지만 너무 평범한 대답인데?"

"가난에서 탈출하고자 하는 집념이 아닐까요?"

내가 대답하자 그는 고개를 끄덕였습니다.

"틀린 대답은 아냐. 하지만 정확히는 바로 이것이란다."

그는 왼손을 불쑥 내밀었습니다. 그 손을 보는 순간 깜짝 놀랐습니다. 둘째와 셋째 손가락이 두 번째 마디부터 없는 것이었습니다. 그때야 나는 앤드류의 아버지가 토토리타 광산 회사의 사장이며 주 의회 의원이라는 사실을 깨달았습니다. 이야기에 정신이 팔려 그 사실을 잊고 있었던 것입니다.

"내 소개가 늦었구나. 내 이름은 크리스토퍼 앤드류란다."

"아!"

"그날 이후 소년은 손가락이 세 개밖에 없는 손을 한시도 잊은 적이 없었단다. 늘 손을 보면서 자신의 정체성을 세워 나갔지. 나는 손가락 두 개가 없다, 그러니 남들보다 두 배 더 열심히 노력해야 한다, 또 내가 부족하다는 사실을 직시해야 한다. 그렇게 나 자신을 채찍질했지."

나는 여전히 아무 말도 할 수 없었습니다. 앤드류의 아버지는 내 어깨에 손을 올렸습니다.

"올리버, 가장 중요한 것이 뭔지 아니? 나 자신을 정확하게 알고, 나를 있는 그대로 인정하는 것이란다."

있는 그대로의
나를 인정하라

정문을 통과하자 오른쪽에 넓은 주차장이 있었습니다. 필란과 나는 차에서 내려 본관을 향해 걸었습니다. 아름드리나무가 우거진 매혹적인 캠퍼스 여기저기에는 수많은 대학생들의 활기찬 모습이 보였습니다. 나는 그들이 무척이나 부러웠습니다. 어쩌면 필란도 마찬가지일 것입니다. 나는 크리스토퍼의 이야기를 들은 후 무언가 시도해 보고 싶은 마음이 생겼습니다. 그 첫 번째 도전장이 애리조나 대학이었습니다. 본관 입구에는 키가 크고 얼굴이 검은 교무처장이 이미 나를 기다리고 있었습니다.

"올리버 군. 우리 학교를 방문한 것을 환영합니다. 토마스제이 고등학교에서 연락을 받았습니다."

나는 예상치 못한 환대에 당황했습니다. 필란은 눈을 찡긋하며 미소를 지었습니다.

"자, 내 사무실에 가서 이야기하지요."

책상 앞에 앉은 그는 학교 브로슈어를 펼치며 진지하게 설명했습니다.

"우리 애리조나 대학은 피닉스에 있는 애리조나 주립 대학보다 학생 수는 적지만 역사는 훨씬 더 오래되었습니다. 또 노벨상 수상자도 네 명이나 배출했지요."

"명성은 익히 들어 알고 있습니다. 그런데 제가 이처럼 명문 대학에 진학할 수 있을까요?"

"올리버 군의 성적이라면 충분히 가능합니다. 또 우리 학교는 장애인 우선 배정으로 각 고등학교별로 학생을 1명씩 선발합니다."

그 말을 듣는 순간 나는 얼굴이 빨갛게 달아올랐습니다. 현실을 직시한 것입니다. 나의 실체를 분명하게 들은 것입니다. 심장이 몹시 뛰었으나 다리가 아프지는 않았습니다.

다음해 가을, 나는 대학생이 되었습니다. 크리스토퍼의 말처럼 '자신을 그대로 인정한 덕분이었습니다. 비록 내 인생이 하나의 통계치에 불과할지언정 하늘이 주신 기회를 내치고 싶지는 않았습니다. 하지만 대학생이 되었다 하여 깜짝 놀랄 변화는 찾아오지 않았습니다. 애리조나 대학은 토마스제이 고등학교보다 훨씬 더 넓었으며 내 쓸쓸함도 그만큼 더 넓어졌습니다. 엄청난 행운으로 잠깐 친구가 되었던 앤드류는 MIT로 떠났고 줄리엣은 콜로라도로 갔습니다. 그 후 그들은 고향에 내려오지 않았습니다. 분명 왔기는 했겠지만 만나야 할 사람의 리스트에 나는 없었을 것입니다.

나는 여전히 외톨이였고 강의를 듣기 위해 넓은 캠퍼스를 돌아다니는 일은 벅찼습니다. 그것은 일종의 고난의 행군이었습니다. 그 핑계를 대고 나는 자주 학교에 가지 않았고 필란을 도와 이곳저곳으로 납품을 하러 돌아다녔습니다. 매일 아침 그는 내 방에 들어와 물었습니다.

"오늘 학교에 가니?"

"아니, 수업 없어."

그는 내가 거짓말을 한다는 것을 알면서도 굳이 학교에 가라고 다그치지 않았습니다. 자유롭게 떠도는 인디언의 피가 그의 몸에 흐르기 때문이었을 것입니다. 우리는 여러 곳을 찾아가

팸플릿을 돌리고, 주문을 받고, 물건을 납품했습니다. 돌아오는 길에 시간이 남으면 암석 산에 올라 한참을 앉아 있다 왔습니다. 그는 아무 말 없이 대평원을 바라보기를 좋아했고 나는 간혹 노래를 불렀습니다. 청중은 단 한 명뿐이었지만 나는 늘 열심히 노래를 불렀습니다.

어느 날 그가 물었습니다.

"여자 친구는 생겼니?"

"형이 여자라면 나를 좋아할까?"

"내가 여자라면 너를 좋아하지 않겠지만, 내가 너라면 좋아하는 여자가 있을 거야."

그 말이 틀리지는 않았습니다. 내 마음에 있는 여자는 오직 한 명이었습니다. 합창 대회에서 8등을 한 후 교회 합창단은 해체되었습니다. 각자의 삶으로 돌아간 것입니다. 마지막 날 열린 파티에서 나는 줄리엣에게 '선물'에 대해 물으려 했으나 끝내 묻지 못했습니다. 줄리엣은 헤어지기 전에 나와 포옹을 한 후 짧게 말했습니다.

"네가 세상 밖으로 나와서 정말 기뻐."

그날 이후 '선물'은 풀지 못한 수수께끼가 되었습니다. 또 하나의 수수께끼는 앤드류가 보여 준 실험이었습니다. 그는 내게 끓는 물의 온도를 재게 하고는 몇 도인지 물었습니다. 왜 그처럼 간단한 실험을 했던 것일까요? 나는 두 가지 의문을 풀지 못한 채 2학년, 스무 살이 되었습니다. 어느 날 아침, 필란이 물었습니다.

"오늘 납품할 곳이 네 군데나 있어. 시간이 괜찮겠니?"

건성으로 수업 시간표를 바라보고는 '오케이'라고 대답했습니다. 9시에 가게를 나선 우리는 실버타운에 들렀다가 토마스 제이 고등학교로 향했습니다. 학교를 졸업한 후 처음으로 찾아가는 것이었습니다. 아마 학교에서 행사가 있는 듯 많은 식품과 음료수를 주문했습니다. 상자들을 핸들카에 싣고 있을 때 누군가 어깨를 두드렸습니다.

"올리버, 오랜만이구나."

"아, 오웬 선생님, 안녕하세요?"

"그래. 대학생이 되더니 무척 어른스러워졌구나. 대학 생활은 어떠니?"

"……."

"아마 곧 재미있어질 것이다. 그렇지 않아도 너에게 할 말이 있었는데. 일 끝나고 나에게 들렀다 가렴."

"네, 그럴게요."

필란이 차에서 휘파람을 불고 있을 때 나는 음악실의 문을 두드렸습니다. 오웬 선생님은 피아노 앞에 앉아 있었습니다. 그는 종이 한 장을 내 앞에 펼쳤습니다.

"이번 12월부터 시작해서 내년 6월까지 반년에 걸쳐 아메리칸 유니버시티 송 페스티벌이 열린단다."

그렇게 긴 이름을 가진 대회를 나는 한 번도 들어보지 못했습니다. 오웬 선생님은 고개를 끄덕였습니다.

"이런 대회가 있다는 것은 처음 알았을 거야."

"네."

"올해가 1회이기 때문이지. 그리고 너는 세상사에 흥미가 없기도 하고."

부끄럽지만 선생님의 말은 사실이었습니다.

"그런데 이것을 제게 왜 보여 주시는 거죠?"

선생님은 나를 빤히 쳐다보았습니다. 나는 고개를 숙였습니다. 내가 정말 선생님의 의도를 몰라서 묻는 것이 아니라는 것을, 그 의도를 잘 알면서도 나는 질문을 던져 그것에 흥미가 없다는 것을 알려 주려 한다는 것을 서로 파악하고 있었습니다.

"팸플릿을 보는 순간 네 얼굴이 가장 먼저 떠오르더구나."

"저, 저는 그런 능력이 없습니다. 그, 그리고……"

"너는 대학생이고, 나는 고등학교 음악 선생님이란 말이지? 그러니까 이미 성인이 된 너에게 이러쿵저러쿵 관여하지 말란 뜻이지?"

"그, 그것은 아니에요. 난 단지 내 능력이."

오웬 선생님은 오디오로 걸어가 CD 한 장을 넣었습니다. 3초 후 노래가 흘러나왔습니다. 그것은 2년 전 피닉스에서 우리 팀이 부른 노래였습니다. 선생님은 그 녹음 CD를 갖고 계신 것이었습니다. 나는 묘한 마음으로 노래를 들었지요. 전문가가 전문 기기로 녹음을 한 것이 아니었기에 음질이 썩 좋지는 않았지만 그날의 흥분과 열정, 감미로움이 그대로 내 귀에 전해졌습니다. 노래가 끝나자 선생님이 물었습니다.

"어떠니?"

"옛 추억이 떠오르네요. 그리고 노래를 참 잘했다는 느낌이 듭니다."

"다시 한 번 들어 볼래?"

선생님은 재생 버튼을 누르고 '눈을 감으'라고 말했습니다. 나는 어쩔 수 없이 줄리엣의 얼굴이 떠올랐습니다. 그러나 두 번째 듣는다 해서 노래가 달라지지는 않았습니다. 하지만 3소절이 시작되었을 때 나는 무의식중에 손을 번쩍 들었습니다.

그리고 눈을 떴습니다. 선생님은 중지 버튼을 눌렀습니다.

"찾아냈니?"

"한 남학생이 멜로디는 맞았는데 아주 희미하게 화음을 깼어요."

"용케 알아맞혔구나. 바로 이 부조화 때문에 우리가 8등에 머물렀지. 그렇지 않았으면 3등 안에 들었을 거야."

"……."

"이 아이가 누군지 아니?"

"……."

"바로 너란다."

내 능력을
외면하지 말라

사람은 누구든 다른 사람의 일에 대해서는 이러쿵저러쿵 말하기를 좋아합니다. 교과서에 나오는 위대한 성인은 말할 것도 없고 길거리의 평범한 사람조차 '착하게 살라, 긍정적으로 생각해라, 도전 정신을 가지라, 네 꿈을 펼치라'고 충고합니다. 말하기는 정말 쉽습니다. 나 자신조차 나 스스로를 얼마든지 미화할 수 있습니다. '장애를 딛고 대학에 진학한 도전적 청년으로 말이지요. 청소년 장애인 단체나 소아마비 어린이 모임 등을 방문해 일장 연설을 늘어놓을 수도 있습니다. 정말 그럴까요?

세상은 그리 만만한 곳이 아닙니다. 또 그리 호락호락한 곳도 아닙니다. 어른들은 "꿈을 가지고 적극적으로 노력하면 누구나 성공할 수 있다."고 말합니다. 정말 70억 인구가 자신의 꿈을 모두 이룬다면 어떻게 될까요? 누구나 다 대통령, 과학자, 예술가, 사상사, 대기업 CEO, 인기 만점의 연예인, 노벨상 수상자가 된다면 이 세상은 어떻게 될까요? 아마 지금보다 더 삭막한 세상이 되고, 얼마 가지 않아 공멸하고 말 것입니다.

나는 적어도 그렇게 생각합니다. 하지만 오웬 선생님의 CD를 들었을 때 나는 너무 놀라 쥐구멍에라도 숨고 싶었습니다. 나로 인해 우리 팀이 8등에 머물렀다는 사실이 도저히 믿기지 않았습니다. 오웬 선생님은 그저 빙긋 웃기만 했습니다.

"이 사, 사실을……."

"줄리엣도 아느냐고?"

나는 얼굴이 빨갛게 달아올랐습니다.

"걱정하지 마라. 나 외에는 아무도 모른단다. 나는 비밀을 엄수하는 사람이지. 네가 왜 틀렸는지 아니? 너는 독창을 해야 하기 때문이야."

선생님은 책상 서랍을 열어 종이 한 뭉텅이를 나에게 건네주었습니다.

"여기 10개의 악보가 있다. 이 중에서 하나를 고르렴. 선택은 네 자유다. 아니, 그 전에 참가할 것인지, 하지 않을 것인지 그것부터 선택해야겠지."

나는 잠시 망설이다가 벌떡 일어나 상체를 곧추 세웠습니다. 그리고 앞을 똑바로 바라보면서 서너 걸음을 걸었습니다. 선생님은 의아한 표정으로 나를 바라보았습니다.

"저의 이 모습이 추하지 않나요? 바보 같지 않나요?"

"……."

"아이들은 저를 콰지모도라 불렀어요. 합창할 때는 다른 아이들과 섞여 무대에 올랐기 때문에 제 모습을 드러내지 않아도 되었죠. 하지만 나 홀로 무대에 오를 자신은 절대 없어요. 또 그럴 이유도 없다고 생각해요. 선생님은 이런 모습을 굳이 만천하에 보이고 싶으세요? 단지 노래 하나를 부르기 위해서요?"

오웬 선생님은 입을 굳게 다물었습니다. 길고 무거운 침묵이 우리를 내리 눌렀습니다. 이윽고 그가 입을 열었습니다.

"나는 너의 외모에는 관심이 없다. 무슨 뜻이냐면, 나는 너 자체를 볼 뿐이다. 우리 인생에는 적어도 세 번의 기회가 있다고들 하지. 하지만 그 말은 틀렸단다. 기회는 백 번이 올 수도 있고, 천 번이 올 수도 있어. 정말 중요한 것은 그 기회를 알아보는 것이야. 더욱더 중요한 것은 그 기회를 내 자신이 만드는 것이지. 일주일 후 이 시간에 다시 만나기를 바란다. 만약 네가 오지 않으면 더 이상 강요하지 않겠다. 그러나 만약 온다면, 각오를 단단히 하고 오너라."

오후에도 납품할 곳이 세 곳이나 있었습니다. 모든 일이 끝났을 때 사비노캐니언 옆을 지나갔습니다. 딱히 가자는 말도, 가고 싶다는 말도 하지 않았지만 필란은 그곳으로 차를 향했습니다. 붉은 바위 위에 누워 필란이 물었습니다.

"오웬 선생님이 뭐라고 하던?"

"그냥."

"뭐 이런저런 말을 했겠지. 대학 생활은 어떠냐, 여자 친구는 생겼느냐 등등."

"잘 알면서 왜 물어."

"그리고 마지막에 한 가지 요청을 했겠지."

"무얼?"

"글쎄. 정확히는 모르겠지만 네 능력을 외면하지 말라고."

"난 아무런 능력이 없어."

"그럴 수도 있지."

"형에게 궁금한 것이 있어. 학교에서 쉬니 놀이를 가르쳐?"

"어떻게 알았니?"

"누구나 다 알고 있어. 그런데 왜 나에게 이야기하지 않았어?"

"내 모든 것에 대해 너에게 이야기할 필요는 없으니까."

"하긴."

"잠깐 기다려."

필란은 무언가를 바라보며 바위 아래로 걸어갔습니다. 잠시 후 그의 손에는 기다란 나무 막대가 들려 있었습니다. 필드하키의 스틱과 비슷했습니다. 손잡이는 주황색과 파란색으로 번갈아 칠해져 있었습니다.

"이것이 쉬니 스틱이야. 이것으로 공을 쳐서 처음의 목적지로 가장 먼저 돌아오는 사람이 이기지. 어찌 보면 필드하키 같기도 하고, 어찌 보면 골프 같기도 해."

단단한 참나무로 만든 스틱은 햇빛에 반짝 빛났습니다.

"내가 어렸을 때 우리 인디언 아이들은 이 놀이를 가끔 했어. 그러다가 야구와 테니스에게 자리를 내줬고 쉬니 놀이는 차츰 잊혀 갔지. 내가 대도시를 떠돌다가 투손시티로 다시 돌아왔을 때 인디언의 전통 놀이는 말끔히 사라졌어. 쉬니 놀이를 아는 아이는 한 명도 없었고 어른들도 기억이 가물가물했어. 나는 인디언의 전통 놀이를 하나라도 보전시켜야겠다고 결심했지. 사람들을 찾아다니며 기억을 되살려 스틱을 만들고, 게임 규칙도 만들었어. 그리고 네 모교에 찾아가 체육 선생님을 만났다."

"생각나. 그 선생님 때문에 나는 체육 시간 내내 고통스러웠어."

"그랬구나. 여하튼 나는 선생님을 설득해서 특별 취미반을 만들었고 아이들에게 쉬니를 가르치기 시작한 거야."

"재미있어?"

"당연히 재미있지. 하지만 나는 단지 재미를 위해 쉬니를 시작한 게 아냐. 나는 나의 정체성을 찾기 위해 이 일을 시작했어. 나는 나의 모습 그대로를 사랑해. 철이 없었던 때는 인디언

혈통이라는 사실이 우울했지. 저주스럽기까지는 하지 않았어도 가급적 남들 앞에 나서지 않으려 했어. 하지만 나는 우리 선조들에 대해 배우면서 나를 있는 그대로 보기 시작했어. 우리 쇼쇼니 인디언은 이 대평원에서 버펄로를 사냥하고, 그 뼈로 칼을 만들고 창을 만들었지. 또 '신비의 개'라 불리는 말을 타고 다니면서 자유롭고 평화롭게 살았다."

나는 가만히 그의 말을 들었습니다. 필란이 이처럼 많은 이야기를 하기는 처음이었습니다.

"가장 중요한 것은 나를 찾고, 나를 있는 그대로 인정하고, 내 안에 있는 것을 끄집어내는 것이었어. 나는 백인도 아니고, 아프리카계도 아니고, 스패니시계도 아니지. 그 단순한 사실을 아는 데 25년이 걸렸다. 하지만 늦지 않았어. 세상에는 죽을 때까지 자신이 누구인지 모르는 사람이 많으니까."

그 사람 중의 한 명이 나일 것입니다.

"또 나를 안 다음에는 내 안에 있는 것을 끄집어내야 해. 신이 너에게 준 태초의 능력, 그 능력을 외면해서는 안 돼."

"하지만 모든 사람이 능력이 있을 수는 없잖아?"

"네 말이 맞아. 그렇다면 이렇게 한번 생각해 볼까? 이 세상에 있는 기술은 전부 몇 가지나 될까? 예컨대 돌을 던져 새를 잘 잡는 것도 하나의 기술이라 하면, 이 세상의 기술은 전부 몇 개일까?"

"음, 너무 많아서 가늠이 안 되는데."

"넓게 잡아서 4만 2571개라 하자. 그러면 어떤 사람이 4만 2571개의 기술을 가졌다면?"

"능력이 아주 뛰어난 천재라 할 수 있지."

"그렇다면 3만 6319개를 가졌다면."

"역시 능력이 뛰어난 사람이지."

"그렇다면 7993개를 가졌다면?"

"마찬가지로 뛰어난 사람이지."

"그렇다면 엄청 줄여서 64개의 기술을 가졌다면."

"그럼에도 능력이 뛰어난 사람이지."

"그렇지? 만약 그 사람이 4만 2571개의 기술을 가진 사람을 만나면 어떻게 될까?"

나는 대답하지 못했습니다. 필란이 대신 대답했습니다.

"어쩌면 부끄러워 고개도 들지 못할 거야. 기술이나 능력은 바로 이런 것이야. 그것을 어떻게 발휘하느냐가 중요하지."

그러다가 필란은 갑자기 말을 끊고 나의 오른쪽 바지를 위로 휙, 걷어 올렸습니다. 순식간에 나의 다리가 황혼의 햇빛 아래

드러났습니다. 보조기의 스테인리스가 빛을 받아 반짝였습니다. 나는 너무 놀랍고 너무 당황스럽고 너무 부끄러워 주먹을 들어 필란의 얼굴을 칠 뻔했습니다. 나는 어릴 적 어머니와 아버지 외에는 그 누구 앞에서도 보조기를 착용한 다리를 드러낸 적이 없었습니다. 그런데도 필란은 무례하게 내 바지를 걷어 올린 것입니다.

"이게 무슨 짓이야!"

나는 분노로 몸을 떨며 소리쳤습니다.

"올리버, 이걸 봐, 이것이 너의 진짜 모습이야. 왜 너의 참모습을 숨기려 하지. 무엇이 그렇게 부끄러운데? 왜 너 자신을 외면하지?"

51등을 물리치라

동부 예선은 12월 30일에 펜실베이니아 피츠버그에서 열리고, 내가 속해 있는 남부 예선은 다음해 1월 7일에 루이지애나 뉴올리언스에서 열립니다. 서부 예선은 1월 15일에 캘리포니아 LA에서, 마지막 북부 예선은 1월 23일에 위스콘신 밀워키에서 순차적으로 열립니다. 대학이라는 명칭이 붙은 학교에 다니는 학생은 누구든 참가가 가능했습니다. 접수 첫날 전국 각지의 대학에서 참가 신청서가 밀려들었습니다. 나도 그중 한 명이었습니다.

대회 과정은 아주 복잡했습니다. 지원자가 아무리 많아도 지

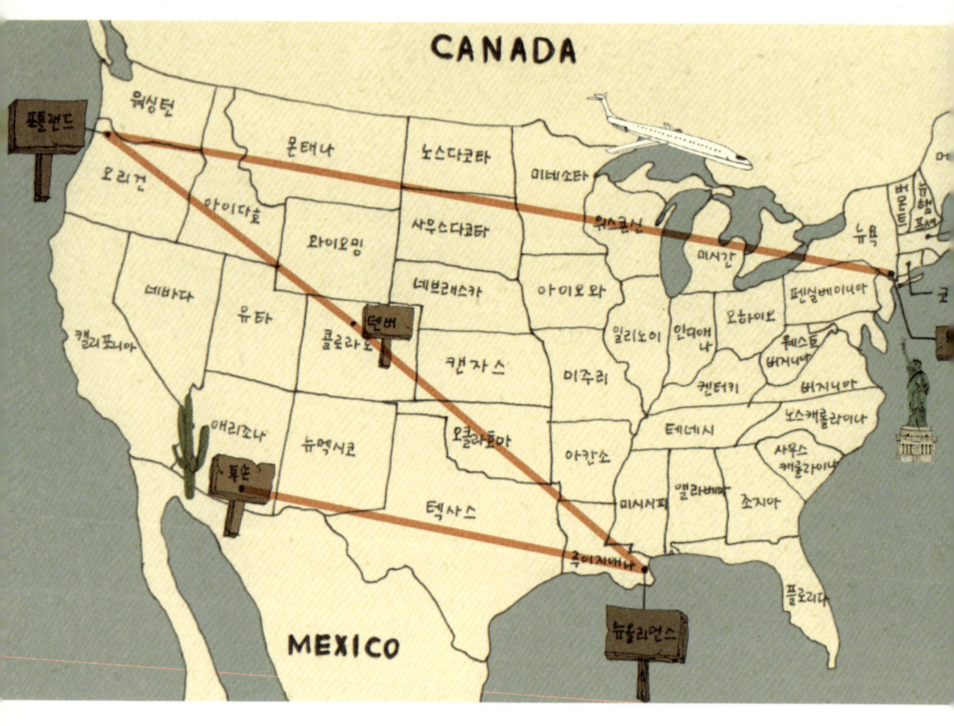

CANADA
MEXICO
포틀랜드
워싱턴
몬태나
노스다코타
미네소타
오리건
아이다호
와이오밍
사우스다코타
위스콘신
미시간
뉴욕
버몬트
뉴햄프셔
네바다
유타
덴버
콜로라도
네브래스카
아이오와
일리노이
인디애나
오하이오
펜실베이니아
캘리포니아
캔자스
미주리
켄터키
웨스트버지니아
버지니아
애리조나
투손
뉴멕시코
오클라호마
아칸소
테네시
노스캐롤라이나
사우스캐롤라이나
텍사스
미시시피
앨라배마
조지아
루이지애나
뉴올리언스
플로리다

역 예선 통과자는 50명으로 제한되었습니다. 그들을 대상으로 2월에 준준결승이 열립니다. 북부와 동부의 예선 통과자 100명은 일리노이 시카고에서, 남부와 서부의 예선 통과자 100명은 콜로라도 덴버에서 경연을 펼칩니다. 이 중 각 지역 25명씩 100명만이 살아남아 준결승을 치릅니다. 준결승은 준준결승과 달리 동서남북 참가자들을 뒤섞어 50명은 미네소타 미니애폴리스에서, 나머지 50명은 오리건의 포틀랜드에서 시합이 펼쳐집니다. 역시 이때도 총 100명 중 50명이 1차 결승에 진출합니다. 1차부터 3차까지의 결승전은 모두 뉴욕에서 3일간 치러집니다. 최종 결승은 6월 2일이며 120분에 걸쳐 미국 전역에 생방송으로 중계됩니다.

과연 나는 어느 도시까지 갈 수 있을까요? 내가 만약 결승까지 진출한다면 투손시티를 출발해 뉴올리언스-덴버-포틀랜드-뉴욕까지 갑니다. 사실상 미 대륙을 두 번 횡단하는 것이지만 나는 덴버까지만이라도 가기를 희망했습니다.

12월 20일에 접수가 마감되었을 때 총지원자는 6만 8349명이었습니다. 나는 그 숫자에 기가 질렸습니다. 6만 8349명을 일렬로 세워 놓으면 얼마나 될까요? 왜 그 많은 사람들이 노래를 부르려 할까요? 한 사람이 5분씩 부른다면 34만 1745분이

됩니다. 5696시간이 되는 것입니다. 무엇을 위해 그들은 이처럼 치열한 대회에 참가하려 할까요?

그 이유는 정확히 알 수 없지만 내가 6만 8349명 중 한 명인 것은 확실했습니다. 겁에 질린 표정으로 그 숫자를 말하자 오웬 선생님은 나의 미숙함을 깨우쳐 주었습니다.

"그 숫자에 미리 겁먹을 필요는 없어. 실제로 대회에 참가하는 사람은 그 절반인 3만 명이 안 될 거야."

"그렇다면 왜 신청을 했지요?"

"일단 무엇엔가 도전한다는 데 의미를 부여하기 위해서지. 그렇게라도 해야 꿈의 첫 계단에 발을 올릴 수 있기 때문이야. 정작 중요한 것은 그 숫자가 아냐. 아무리 많은 사람이 지원한다 해도 네가 이겨야 할 사람은 단 1명이야."

"한 명이요?"

"그래. 너는 51등만 이기면 돼. 그러면 너는 50등이 될 수 있어. 네가 만약 결승에 진출한다면 한 녀석만 이기면 돼. 그러면 너는 1등이 될 수 있지."

나는 10개의 악보를 펼쳐 놓고 찬찬히 살펴보았습니다. 10곡 모두 내가 좋아하는 노래였지만, 단 한 곡만을 선택한다는 게 두려워졌습니다.

'음. 내일 바위산에 올라 10곡을 전부 불러 본 다음에 결정하면 어떨까.'

마침 다음날은 토요일이었고 스테파니는 비번이었습니다. 우리 셋은 오후에 사비노캐니언으로 향했습니다. 늘 올랐던 자리에서 나는 차례차례 노래를 불렀고 1시간이 넘는 말다툼 끝에 칼라 보노프Karla Bonoff의 'The Water is Wide'로 결정했습니다. 화요일에 나는 오웬 선생님을 찾아가 자신 있게 'The Water is Wide'를 선택했다고 말했습니다.

"이유가 뭐지?"

이유? 이유? 이유?

"그저 내가 부르기 편해서……."

"올리버, 예선의 심사 위원은 모두 5명이야. 그들은 각자 다른 직업에 종사하는 사람들이지. 가수도 있고, 작곡가, 방송 관계자, 음악 교수, 어쩌면 사회 저명인사나 목사님, 신부님이 있을 수도 있지. 아니면 평범한 가정주부가 심사 위원으로 나올 수 있어. 하지만 공통점은 하나야. 뭐지?"

"노래입니다."

"맞아. 그러면 그 노래에 무엇이 담겨야 하지?"

"음……."

"자, 눈을 감고 생각해 봐, 올리버. 자네가 심사 위원이야. 자네 앞에서 노래를 부르는 대학생 아마추어에게 가장 필요한 것은 무엇일까?"

나는 눈을 감고 생각에 잠겼습니다. 그리고 눈을 뜬 뒤 생각나는 대로 적었습니다.

가창력, 독창성, 성량, 끼, 위트, 재미, 춤, 조화, 감동, 멜로디, 화음, 리듬, 기쁨, 환희, 외모, 매너, 배려, 추억, 풍자, 도전, 사회 비평……. 나는 노래에 그토록 많은 것이 담겨 있으리라고는 전혀 생각하지 못했습니다.

"너무 많아 판단을 내리기 어렵네요. 제가 심사 위원이라면 가창력을 1등으로 꼽겠어요."

"아닐세."

"그렇다면 독창성 아닐까요? 음악에 대한 새로운 해석."

"아닐세."

"그러면 뭐죠?"

"진실일세."

"진실이오?"

"내가 가진 음악의 진정성, 나아가 자신의 진실을 보여 주어야 하네. 이 대회의 신청자는 6만 명이 넘네. 그러나 실제 참가자는 그 반절인 3만 명에 불과할 거라고 말했지? 왜 반절이나 참가하지 않을까?"

"자신이 없어서겠죠."

"무엇에 대한 자신이 없을까?"

"그, 그야……."

"진실에 대한 자신이 없기 때문이지."

나는 이제 오웬 선생님의 말이 이해되었습니다. 선생님은 악보를 넘기다가 알 켈리R. Kelly의 'I Believe I Can Fly'에서 멈추었습니다.

"나 역시 적잖이 고민했어. 그래서 이 노래를 추천하네. 자네의 진실을 보여 줄 수 있는 곡이지."

나는 악보를 물끄러미 바라보았습니다. 문득 내 연약한 겨드랑이에서 날개 하나가 돋아나는 느낌이었습니다.

"원하지 않는다면 바꾸어도 되네."

이미 나는 마음속으로 'I Believe I Can Fly'를 불러 보고 있었습니다.

"저도 하늘을 날 수 있으면 좋겠습니다, 선생님."

1월 6일 아침, 나는 루이지애나로 가는 비행기에 올랐습니다. 필란과 어머니가 가방 하나씩을 들고 동행했습니다. 아버지도 함께 가고 싶어 했으나 나는 적극 만류했습니다. 그 먼 곳까지 가서 아들이 탈락하는 모습은 어머니 혼자 보아도 충분하다고 생각했기 때문입니다. 그러나 차마 솔직하게 말씀 드릴수는 없었습니다.

"아버지. 아버지는 제가 준준결승에 진출해 덴버에 갈 때 함께 가 주셨으면 좋겠어요."

보름 동안 나는 'I Believe I Can Fly'을 정확히 245번 불렀습니다. 이틀에 한 번씩 오웬 선생님의 음악실에 들러 피아노 반주에 맞춰 노래를 부른 것입니다. 그 덕분에 가게 일은 돕지 않아도 되었지만 학교 수업은 열심히 들어야 했습니다. 오웬 선생님은 진실한 노래를 부르기 위해서는 생활도 진실해야 한다고 말했기 때문이었지요.

오웬 선생님의 예상대로 가장 먼저 열렸던 동부 지구 대회에서는 2만 명이 신청을 했으나 실제 참가자는 1만 명이 약간 넘었습니다. 그중에서 50명이 예선을 통과했으니 경쟁률은 무려 200:1이 넘었습니다. 내가 속한 남부의 뉴올리언스 대회에도 신청자 1만 5000명 중 8000여 명이 참가했습니다.

뉴올리언스의 앨미우드빌리지 쇼핑센터는 대학생들로 북적였습니다. 모두 잘생기고, 예쁘고, 세련된 학생들뿐이었습니

다. 대회는 쇼핑센터 3층에서 열렸습니다. 나는 첫째 날 오후 3시에 다른 100명의 학생들과 함께 대회장으로 들어갔습니다. 그리고 15번째로 무대에 올랐습니다. 심사 위원은 모두 5명이었습니다. 내가 천천히 걸어 마이크 앞에 설 때까지 그들은 나를 유심히 바라보았습니다. 나는 차분하게 마음을 가라앉힌 뒤 입을 열었습니다. 이 순간을 얼마나 기다렸던가요. 그러나 내가 2소절을 채 부르지 않았을 때 갑자기 '딩동' 소리가 났습니다. 나는 엉겁결에 노래를 멈추었습니다.

"합격! 수고했어요."

그것이 전부였습니다. 20초도 걸리지 않았습니다. 나는 아무런 정신없이 무대에서 내려왔습니다. 계단에서 필란이 나를 잡아 주지 않았다면 넘어졌을지도 모릅니다. 나는 온 몸에서 기운이 빠졌습니다. 이 20초를 위해 그토록 엄청나고 깊은 갈등의 강을 건너왔단 말입니까? 나는 그 자리에 주저앉아 울고 싶었습니다. 그러나 정작 눈물을 흘린 사람은 7950명일 것입니다. 어떤 학생은 무대에 올라 마이크를 잡고 '아~' 하는 순간 '땡!' 소리와 함께 '불합격!' 통보를 받았습니다. 불합격, 불합격, 불합격 소리가 연달아 30번이 들려오기도 했습니다.

오늘 합격한 사람은 전부 700명이었습니다. 다음날 나는 더 편안한 마음으로 무대에 올랐고 네 소절 째에 '합격, 덴버에서 만나요'라는 낭랑한 외침을 들었습니다. 그렇게 해서 나는 남부 지구 예선을 통과했습니다. 강당 안에는 학생들의 불만이 넘쳐 났습니다.

"정말 지독해. 나는 이 노래를 거의 100번도 넘게 연습했어. 그런데 두 마디도 부르기 전에 탈락이라니. 정말 어처구니 없어."

"100번은 아무것도 아냐. 나는 200번 가까이 불렀어."

내가 합격할 수 있었던 이유는 무엇이었을까요? 내가 타고난 소질이 있었기 때문일까요? 오웬 선생님의 탁월한 지도가 있었기 때문일까요? 알 수 없었습니다. 게다가 몇 마디 듣지도 않고 합격과 불합격을 나눈다는 게 마음에 들지 않았습니다. 어쩌면 나는 운이 좋았기에, 내가 불쌍해 보였기에 합격을 주었는지도 모르니까요.

내가 집으로 돌아온 지 일주일 후인 1월 15일에 LA에서 서부 지구 대회가 열리고 50명이 확정되었습니다. 이제 남서부 지구 100명이 결정된 것입니다. 2월 25일 덴버에서 열리는 준준결승에서 50명 안에 들어야 준결승에 진출할 수 있습니다. 8000명 중에서 50등 안에 드는 것이 더 어려울까요? 아니면

100명 중에서 50등 안에 드는 것이 더 어려울까요? 수학적 계산으로는 50/8000이 더 어렵지만 실제로는 50/100이 더 어렵습니다. 그러나 오웬 선생님은 결승에 이르기 전까지는 순위는 아무런 의미가 없다고 했습니다. 목표는 오직 하나, 51등보다 더 잘하는 것이었습니다.

북위 34도 아래에 위치한 투손시티는 2월에도 그다지 춥지 않았습니다. 그러나 선천적으로 추위를 타는 나는 밖으로 나가는 것을 끔찍이 싫어했습니다. 또한 판정 방식에 대한 의구심 때문에 대회에 흥미를 잃어 연습도 게을리 했습니다. 한편으로는 너무 자신감이 넘쳐 50명쯤은 쉽게 떨어뜨릴 수 있을 거라 생각했습니다. 툭하면 오웬 선생님에게 전화를 걸어 "몸이 아파 오늘은 못가겠어요."라고 말했습니다.

어느 날 오후, 가게에 있는 필란에게서 전화가 왔습니다.

"올리버, 방안에만 웅크려 있지 말고 밖으로 나와."

"싫어. 난 추운 건 질색이야."

"오늘은 춥지 않아. 햇살이 따뜻해. 도브마운틴에 납품을 가야 하는데, 네 도움이 필요해."

나는 잠깐 망설이다가 '알았어.'라고 대답했습니다. 나는 두툼한 옷을 입고 가게로 향했습니다. 내가 겨울을 싫어하는 이유는 옷차림 때문이었습니다. 추위를 많이 타기 때문에 옷을 여러 벌 입었고 어쩔 수 없이 상체가 비대해져 마치 상처 입은 곰이 절뚝거리며 걷는 것 같았습니다.

도브마운틴에 이르는 웨스트커쉬 도로 양쪽에는 호화 주택들이 즐비했습니다. 필란은 그 집 중 한 곳에 멈추었고 우리는 여러 상자를 집 안으로 날랐습니다. 가정부, 요리사, 정원사, 운전기사들이 분주하게 움직였습니다. 아마 성대한 파티가 열리는 것 같았습니다. 그런 삶의 모습이 부럽지 않다고 말하면 거짓이겠지요. 유럽풍의 근사한 쇠창살 정문을 빠져나온 필란은 가게와 반대 방향으로 차를 몰았습니다.

"저 위에 인디언 유적지가 있어. 온 김에 잠깐 구경이나 하고 갈까."

우리는 구불구불한 산길을 따라 한참 위로 올라갔습니다. 그리고 '쇼쇼니 인디언 유적 보호구'라는 아치 앞에 당도했습니다. 위는 뾰족하고 아래는 둥그런 천막 몇 개와 불 아궁이 등이 여기저기 흩어져 있었습니다. 한눈에도 몹시 초라해 보였습니다. 사람은 한 명도 없었습니다.

우리는 천막을 들춰 보았습니다. 낡은 인조 버펄로 가죽이 깔려 있고 조잡한 살림살이들이 작위적으로 진열되어 있었습

니다. 필란은 씁쓸한 눈으로 그 광경을 보다가 안으로 들어가 찌그러진 철 냄비 하나를 들고 왔습니다. 그리고 트럭에서 생수 한 병을 가져와 냄비에 부은 뒤 아궁이 위에 올렸습니다.

"올리버, 나무 좀 해 와."

다행히 그곳에서는 취사가 가능했습니다. 내가 부러진 나무를 여러 개 주워 오자 필란은 불을 붙였습니다. 우리는 아궁이 앞에 나란히 앉아 커피 물을 끓이며 불을 쬐었습니다.

"옛날에 인디언들과 백인들은 아주 처절하게 싸웠단다. 서로를 죽이지 않으면 생을 유지할 수 없었어. 모두 미련했던 거야. 쇼쇼니 부족도 마찬가지였어. 백인들과 피 흘리는 싸움을 하던 어느 날, 쇼쇼니 청년 한 명이 포로로 잡혔고 백인들은 평화 협정을 맺자는 전갈을 보냈어. 그러자 추장과 몇몇의 원로들은 백인 마을로 갔어. 그런데 그들이 도착하자마자 백인들은 인디언 청년을 총으로 쏴 죽였어. 그것은 매우 불공정한 처사였지. 우리의 선조들은 그것을 가볍게 보아 넘길 수가 없었어. 그때 백인들은 인디언들에게 고개를 숙이고 엎드려 항복하라고 했지. 그러자 한 인디언이 저주의 말을 퍼부었고, 백인들은 그를 쏴 죽였어. 그때 추장은 어떻게 해야 했을까?"

"……."

나는 솔로몬 같은 현명한 판단을 내릴 수 있는 현자가 아닙니다. 나는 그저 스무 살의 대학생일 뿐입니다.

"비록 추장은 분노로 몸이 부들부들 떨리고, 매우 모욕적이었지만 그는 백인들이 시키는 대로 모두 했어. 만약 그가 그렇게 하지 않았다면 백인들은 거기에 있던 모든 인디언들을 죽였을 거야. 만약 그마저 죽으면 다른 인디언들은 누가 보호하겠어."

"아!"

"그러자 백인들은 '쇼쇼니 인디언은 겁쟁이'이라는 소문을 냈지. 네가 알고 있는 것처럼 쇼쇼니 인디언이 식인종은 아니란다."

내가 그때 무슨 말을 할 수 있을까요? 나는 필란이 '쇼쇼니 인디언의 후예야'라고 처음 말했을 때 흠칫 놀랐던 기억이 떠올랐습니다. 내가 어찌할 바를 모르고 있을 때 필란은 갑자기 큰 소리로 웃었습니다.

"하하. 네가 사과할 필요는 없어. 역사에는 필연적인 상처가 있기 마련이니까. 아 참, 물이 다 끓었나?"

나는 냄비 안을 들여다보았습니다. 물은 요동치기 직전이었습니다.

"아직. 이제 끓으려고 해."

"그럼 99도로군."

그의 말이 끝나기도 전에 나는 벌떡 일어섰습니다. 필란은 깜짝 놀라 나를 바라보았습니다. 나는 내 머리를 강하게 쳤습니다. 이제야 나는 깨달았습니다. 앤드류가 했던 실험의 의미를 그제야 깨달은 것입니다. 99도에서는 물이 끓지 않습니다. 100도에서 단 1도만 모자라도 물은 펄펄 끓지 않습니다. 그 1도의 부족으로 물도 아니고 수증기도 아닌 상태가 되는 것입니다. 펄펄 끓기 위해서는 1도가 더 필요했습니다. 앤드류는 내게 그것을 알려 주려 했던 것입니다.

투손시티에서 덴버까지의 거리는 뉴올리언스까지의 거리보다 약간 더 멀었습니다. 이번에도 필란과 나, 어머니는 가방 하나씩을 들고 비행기에 올랐습니다. 아버지와 오웬 선생님이 공항에 나오셨습니다. 그는 예선에 참가할 때는 학교에서 작별 인사를 했지만 오늘은 공항까지 온 것입니다. 아버지는 내 어깨를 껴안으며 말했습니다.

"올리버, 축하한다. 다음에 포틀랜드에서 노래를 부를 때는 온 가족이 함께 가자꾸나."

오웬 선생님은 힘차게 악수를 하면서 조용히 말했습니다.

"높은 점수를 받으려 애쓰지 않아도 돼. 51등보다 잘하기만

하면 돼. 자네는 이제 자신의 참모습을 찾았으니 그것을 있는 그대로 보여 주면 돼."

준준결승 경연장은 덴버 남쪽의 사우스파크플라자였습니다. 우리는 호텔에서 하루를 머문 뒤 아침 일찍 경연장으로 갔습니다. 예선전에서 8000명이 북적거렸던 것과 비교해 이곳은 무척 조용했습니다. 단 100명만 참가하는 것이었기에 소란스러움도 없었고 혼란도 없었습니다. 그러나 팽팽한 긴장감은 이루 말할 수 없었습니다. 경연장은 무척이나 넓었고 엄청나게 많은 의자들이 있었습니다. 2000개는 되어 보였습니다. 그 의자들을 보는 순간 나는 다리가 떨려 왔습니다. 예선전은 시끄럽고 복잡한 분위기 속에서 차례대로 무대에 올라 20초 내에 평가를 받았지만 이곳은 그게 아니었습니다. 엄숙한 경연장이었고 방송국 카메라도 여러 대가 늘어서 있었습니다.

나는 눈을 감았습니다. 내가 아무리 마음을 굳게 먹는다 한들 이런 상황에 익숙한 사람이 아니었습니다. 불과 3년 전만 해도 두더지 같은 삶을 살았습니다. 집을 벗어나 3km 너머를 가본 적이 없었습니다. 골목을 뛰어다니며 놀지도 못했고, 운동장에서 야구 시합이나 풋볼을 본 적도 없었습니다.

그런데 나 홀로 계단을 올라 무대 한가운데로 걸어가 마이크 앞에 서라는 것은 너무 무리한 요구였습니다. 아니, 터무니없었습니다. 나도 모르게 한숨이 나오면서 고개가 숙여졌습니다. 식은땀도 흘러내렸습니다.

"그냥 돌아갈까?"

필란은 씩 웃으며 말했습니다.

"……"

"네가 하고 싶은 대로 해. 아쉬워들 하겠지만 아무도 너의 결정에 손가락질하지는 않을 거야. 그것도 바로 너 자신이니까."

"……"

"하지만 지금 공항에 가도 비행기 표는 없을 거다. 그러니 이왕 온 김에 다른 아이들이 노래하는 모습을 이 아래에 앉아서 구경이나 하고 가자고."

나쁘지는 않았습니다. 나는 무대 아래에 앉아 다른 99명의 아이들이 노래하는 모습을 지켜보는 내 모습을 상상했습니다. 99명을 바라보는 단 1명. 1명을 바라보는 99명. 분명 바보가 될 것이었습니다. 99명의 아이들은 고향으로 돌아가 이렇게 말할 것입니다.

"한 명이 오기는 왔는데 기권을 하고는 무대 아래에서 우리가 노래하는 모습을 감상하더라고. 바보가 따로 없었지."

결국 나는 35번째 순서로 ‘I Believe I Can Fly’를 부르게 되었습니다. 대기실에서 나와 무대로 향해 걸으면서 계단을 딛는 첫발이 오른발이면 합격이고 왼발이면 불합격이라 생각했습니다. 그러나 내가 계단 즈음에 이르렀을 때 사회자의 요란한 멘트에 그만 어느 발을 먼저 계단에 올려놓았는지 잊어버리고 말았습니다. 계단에서부터 무대 중앙의 마이크까지 이르는 거리는 10m쯤 되었습니다. 그러나 내게는 1km도 넘었습니다. 나는 이제 노래는 까마득히 잊고 어떻게 저곳까지 우스꽝스럽지 않게 갈 것인지가 더 중요했습니다. 힘겹게 마이크 앞에 서서 노래를 불렀지만 아무것도 기억나지 않았습니다. 노래가 끝나고 2초 후에 박수와 환호성이 터졌습니다. 그것은 두 가지를 의미했습니다. 박수와 환호성은 내가 노래를 그럭저럭 잘했다는 뜻이고, 2초 후에 터졌다는 것은 관객들이 망설였다는 뜻이었습니다. 즉 나는 동정표를 받은 것입니다. 적어도 나는 그렇게 생각했습니다.

허둥지둥 무대 아래로 내려온 나는 갑작스레 현기증을 느꼈습니다. 한 사람이 내 앞에 서 있었습니다. 누구일까요? 단 한 번도 잊지 못하던 그녀가 서 있었던 것입니다. 콜로라도 대학 2학년인 그녀는 말없이 나를 바라보았습니다. 나 역시 그녀를 물끄러미 바라보았습니다. 그녀의 손에는 꽃다발이 들려 있었습니다. 그러나 세상 그 어떤 꽃도 줄리엣보다 더 아름답지는 않았습니다.

99℃

나는 덴버 대회에서 '승리'했습니다. 승리라는 말이 쑥스러 웠지만 오웬 선생님은 나의 준준결승 통과를 자랑스레 '승리' 라 불렀습니다. 처음에 나는 덴버까지만이라도 가기를 바랐으 나 오리건 포틀랜드 대회까지 진출하게 된 것입니다. 5월 10일 에 열릴 준결승 대회를 위해 하루도 빠짐없이 암석 산에 올라 노래를 불렀습니다. 'I Believe I Can Fly'를 적어도 700번 이상 불렀습니다. 1000번을 채우려 했으나 아쉽게도 목표를 이루지 는 못했습니다.

포틀랜드 대회는 전 미국인의 눈길을 사로잡았습니다. 6만

8349명이 출발해 이제 정확히 100명만 남은 것입니다. 이 대회에서 절반이 탈락합니다.

나의 목표는 여전히 '51등보다 잘하는 것' 하나였습니다. 아버지는 약속을 지켜 포틀랜드 대회에 동행했습니다. 필란을 포함해 우리 가족 4명은 피곤하면서도 꿈에 부푼 여행을 했습니다. 만약 내가 이 대회에서 비운의 50명에 든다 해도 전혀 마음이 아프지 않을 것이었습니다.

포틀랜드 서쪽의 노스웨스트롤리스트리트의 거대한 창고에서 열린 대회에서 나는 차분하게 'I Believe I Can Fly'를 불렀습니다. 창고를 개조해 만든 임시 경연장에는 수백 대의 카메라와 취재진들로 북적거렸습니다.

나는 눈을 감고 내가 지금 서 있는 곳은 경연장이 아니라 내 고향의 붉은 암석 산이라 생각했습니다. 노래가 끝나고 눈을 떴을 때 잠시 정적이 흘렀습니다. 이윽고 심사 위원들이 내게 물었습니다.

"올리버 학생은 고향이 애리조나군요. 카우보이들은 잘 있나요?"

관객석에서 웃음이 터졌습니다. 나는 얼굴이 빨개져 '네'라고 대답했습니다.

"이곳까지는 어떻게 왔죠?"

"어머니와 아버지, 형과 함께 비행기를 타고 왔습니다."

"오호! 비행기 값이 여간 아니었을 텐데요."

"아버지가 두 달 동안 저축을 하셨습니다."

"아버지는 무얼 하시죠?"

"로렌스 식품 가게를 하십니다."

관객석에서 짧은 박수가 터졌습니다.

"그래요. 올리버는 노래를 좋아하나요?"

"딱히 좋아하지는 않습니다."

관객석이 일순 침묵에 잠겼습니다.

"그런데 왜 이 대회에 참가했죠?"

"나 자신을 찾기 위해서입니다."

"구체적으로, 무슨 뜻입니까?"

나는 눈을 질끈 감고는 두 걸음을 물러섰습니다. 그러고는 짧은 원을 그리며 절뚝절뚝 무대를 한 바퀴 돌았습니다. 그런 용기가 어디에서 생겼는지 알 수 없었습니다. 나는 동정표를 받고 싶지 않았습니다.

"이것이 나의 모습입니다. 나는 이 모습을 있는 그대로 사랑하기 위해 이곳에 왔습니다. 노래는 그것을 찾기 위한 길이었습니다."

내가 고개를 숙여 인사하자 박수와 환호성이 터졌습니다. 무대를 내려오면서 그것은 덴버 대회와는 다른 차원의 박수라는 것을 깨달았습니다.

선물

〈투손시티데일리〉와 〈애리조나타임스〉, 〈피닉스헤럴드〉 등에서 연일 인터뷰 요청이 들어왔습니다. 내 사진이 신문과 주간지에 실리자 대학 친구들이 여럿 집으로 찾아왔습니다. 또 이름도 까마득한 고등학교 동창들도 무리를 지어 찾아왔습니다. MIT에서 밤낮으로 공부만 하던 앤드류도 먼 길을 달려와 주었습니다.

"TV에서 너를 보고 기절하는 줄 알았어. 하지만 나는 이날이 오리라는 것을 알고 있었어."

앤드류의 아버지 크리스토퍼는 주 의회 의원들을 설득해 나의 뉴욕 결승전 참가비를 가족까지 포함해 모두 지원해 주었습니다. 또 나의 모교인 토마스제이 고등학교에서도 성금을 모아 주었으며 동창회에서도 적지 않은 성금을 마련해 주었습니다. 윔보우 아저씨를 비롯한 아버지의 옛 직장인 로즈몬드 광산의 동료들도 여행비를 보태 주었습니다. 더 기쁜 일은 애리조나 주가 필란이 청원한 쉬니 놀이 보존 협회에 대한 기금을 만든 것입니다. 필란은 이제 로렌스 식품 가게의 매니저 겸 쉬니 놀이 보존 협회의 회장이 되었습니다. 그리고 10월에는 스테파니와 결혼을 합니다.

방학을 맞은 줄리엣은 집으로 내려와 매일 교회에 왔습니다. 그곳에서 나는 그녀의 피아노 반주에 맞춰 노래를 불렀습니다. 오웬 선생님은 질투 어린 표정으로 말했습니다.

"이제 나의 역할은 다 끝났구나. 올리버, 너를 찾은 것을 정말 축하한다."

어느 날 오후, 교회에 도착했을 때 안에서 피아노 소리가 들렸습니다. 줄리엣이 나보다 먼저 와서 피아노를 치고 있었습니다. 내가 조용한 발걸음으로 그녀에게 다가가고 있을 때 그녀가 갑자기 노래를 시작했습니다. 나는 그 자리에 우뚝 섰습니다. 마치 천사가 내려온 듯 아름답게 울려 퍼지는 그 노래는 셀린 디온의 'My Heart Will Go On'이었습니다. 내 가슴은 심하게 두근거렸습니다. 기억하시나요? 고등학교 2학년 음악 시간을! 그때 내 마음을 울렸던 단 한 곡의 노래였습니다. 그 노래를 부른 여학생이 바로 줄리엣이었던 것입니다. 나는 숨을 멈추고 그녀의 노래를 들었습니다. 내 볼에 뜨거운 눈물이 흐르는 것도 모른 채 언제까지나 그 자리에 서 있었습니다.

6월 2일 화요일(나는 이날을 평생 잊지 못합니다), 그날도 필란과 함께 암석 산에 올라 노래를 부르고 집으로 돌아오자 어머니와 아버지가 식탁 앞에 앉아 계셨습니다. 식탁에는 풍성한 음식이 차려 있었습니다. 두 분이 일찍 집에 돌아온 것을 보고 나는 깜짝 놀랐습니다.

"애야, 그동안 우리가 너무 경황이 없어서 가족끼리 식사도 제대로 못했구나. 오늘은 우리끼리 오붓하게 저녁을 먹으며 자축을 하자꾸나."

어머니의 따뜻한 말에 나는 갑자기 가슴이 먹먹해졌습니다. 그렇습니다. 우리는 가족이면서도 함께 둥그렇게 앉아 밥을 먹는 '식구'가 되지는 못했던 것입니다. 나는 북받치는 마음으로 의자에 앉았습니다. 그때 초인종이 울렸습니다.

"올 손님이 없는데, 누구일까?"

152

필란이 문을 열자 들어온 손님을 보고 우리 모두는 깜짝 놀랐습니다. 특히 나의 가슴은 아주 심하게 요동쳤습니다. 줄리엣이었습니다. 그녀가 우리 집을 찾아오기는 처음이었습니다. 교회에서 거의 매일 만나기는 해도 집으로 찾아오지는 않았던 것입니다. 그녀의 손에는 커다란 쇼핑백이 들려 있었습니다.

"아! 저녁 식사 중이었네요. 방해해서 미안합니다."

"방해라니, 이제 막 시작했으니 줄리엣도 함께 저녁을 먹도록 해요."

"아니에요. 올리버에게 줄 게 있어서 왔어요."

그녀는 미소를 지으며 내게 쇼핑백을 내밀었습니다. 나는 빨개진 얼굴로 엉거주춤 일어나 그 봉투를 받았습니다. 그 안에 든 것을 꺼낸 순간 거의 숨이 멎을 뻔했습니다.

"기억나니?"

내가 어찌 그것을 기억하지 못하겠습니까? 그것은 파란 양복이었습니다. 2년 전 줄리엣과 함께 출전했던 고교 성가 경연 대회 때 입었던 옷이었습니다. 그때 파란 양복을 받아와 어머니가 눈물을 흘리며 수선해 주셨던 옷이었습니다. 대회가 끝난 후 반납한 뒤 나는 옷에 대해 까마득히 잊고 있었습니다. 파란 양복을 받아 드는 순간 가슴이 심하게 뛰었습니다. 그 시절의 아프면서도 아름다웠던 기억이 떠올랐기 때문이었습니다. 그런데 줄리엣이 준 파란 양복은 그때의 옷이 아니었습니다.

"내가 아르바이트를 해서 새 옷으로 맞추었어. 너에게 잘 맞을 거야."

그녀는 상의를 펼쳐 내 몸에 대보았습니다. 정말 딱, 그리고 멋지게 맞았습니다.

"필란 아저씨가 네 치수를 알려 주었어."

고개를 돌려 필란을 바라보자 그는 씩 웃으며 엄지손가락을 치켜들었습니다.

줄리엣은 내 손을 꼭 잡으며 속삭였습니다.

"너에게 선물을 주겠다고 한 말 잊지 않았지?"

어찌 그 말을 잊을 수 있단 말입니까? 나는 가만히 고개를 끄덕였습니다.

"3년 만에 약속을 지킬 수 있게 되어 정말 기뻐. 네가 힘찬 발걸음을 내딛지 않았다면 나는 약속을 지킬 수 없었을 거야. 너에게 정말 고마워. 이제 날개를 활짝 펴고 세상을 향해 멋지게 날아 봐."

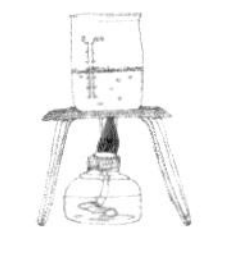

99℃ 더하기 1℃

　나는 이처럼 거대한 도시를 와 본 적이 없었습니다. 어머니와 아버지 역시 마찬가지였습니다. 두루두루 세상 구경을 한 필란과 앤드류만이 익숙한 표정이었습니다. 나는 거대한 빌딩들과 바쁘게 거리를 오가는 사람들, 엄청나게 즐비한 현대 문명에 놀라 입을 다물지 못했습니다. 필란은 내 어깨에 손을 올리고 말했습니다.

　"이보게, 애리조나 촌놈, 기죽지 말게나. 이곳이 아무리 발달했다 해도 없는 것이 있다네."

　"무엇이 없는데?"

"우리 고향에 있는 대초원이 없지. 물질이 아무리 발달해도 자연을 이길 수 없어. 그러니 너는 자연인의 순수한 열정으로 도시 놈들의 코를 납작하게 해 주라고."

퍼시픽베어스커뮤니티가든 앞의 바클레어센터에서 열린 결승전에는 모두 49명이 참가했습니다. 이틀 전 한 명이 교통사고를 당해 불행히도 참가하지 못한 것이었습니다. 대회가 시작되기 전 우리 49명은 무대에 올라 그의 완치를 위한 기도를 올린 뒤 시합에 들어갔습니다. 방송국 카메라와 기자들, 관람객은 예전 대회와 비교할 수 없을 정도였습니다. 한 달 전에 시작된 입장권 판매는 불과 두 시간 만에 매진되었고 주차장과 거리에는 청년들이 수없이 넘쳐 났습니다. 그들을 뚫고 안으로 들어가기조차 벅찰 지경이었습니다.

대회는 3일에 걸쳐 진행되었습니다. 첫째 날에 25명이 1차 결선을 치르고, 둘째 날에 25명이 2차 결선을 치러 모두 10명이 선발됩니다. 마지막 3일 째에 10명이 노래를 불러 최종 우승자 1명과 준우승자 2명이 가려집니다. 1등이 된다면 그 누구라도 바로 그 순간에 인생이 완전히 변할 것입니다. 어쩌면 전 세계를 순회하는 여행길에 오를 것이며, 수많은 음반사에서 엄청난 금액을 제시하며 계약을 맺자고 몰려들 것입니다.

ove
you
Oliver

나는 첫째 날 16번째로 무대에 올랐습니다. 의자에 앉아 순서를 기다리고 있을 때 앤드류가 불쑥 무언가를 내밀었습니다. 투명한 유리병이었습니다. 아무런 딱지나 상표가 없는 물병이었습니다. 안에는 물이 2/3쯤 차 있었습니다. 나는 무심히 그 병을 받아 뚜껑을 열고 한 모금 마셨습니다. 온몸이 정갈해지는 느낌이었습니다. 앤드류는 그런 나를 똑바로 바라보며 말했습니다.

"올리버, 이 물은 우리 고향에서 받아온 물이야. 내가 100% 순수한 물로 정제했어."

"고마워."

"내가 예전에 했던 말 기억하니? 물은 100도에서 끓지만 순수한 물이어야 한다고."

나는 고개를 끄덕였습니다.

"여기까지 온 것을 정말 축하해. 이제 남은 것은 이 물처럼 너의 순수한 열정을 보여 주는 거야. 우리는 네가 100도로 팔팔 끓어오르기를, 활활 타오르는 불이 되기를 희망해."

그렇습니다. 나는 뜨겁게 끓어오르는 무언가가 되었습니다. 어두운 밤을 밝히는 불이 되었습니다. 아무런 두려움 없이 천천히 무대 위로 올랐습니다. 그곳은 나를 시험하는 무대가 아니라 내가 그토록 사랑하는 붉은 암석 산이었습니다. 나는 천천히, 그러면서도 힘차게 바위에 올라 아주 높은 곳에 우뚝 섰습니다. 어머니의 한 맺힌 눈물과 아버지의 굵은 핏줄 같은 바위를 올라 세상을 내려다보았습니다. 내 눈에 들어오는 것은 끝없이 넓은 대평원이었습니다.

그 대평원에 어린 소년이 뛰어놀고 있었습니다. 아이는 순수했고 기쁨에 겨웠으며 세상을 향해 날아갈 것 같았습니다. 그러나 갑자기 천둥과 번개가 치면서 아이는 겁에 질려 동굴 속으로 깊이 숨어 버리고 말았습니다. 나는 슬픈 목소리로 아이에게 호소했습니다.

"올리버, 이제 너의 꿈을 펼치렴. 세상을 향해 순수하고 뜨거운 열정을 보여 주렴."

그때 대평원의 바람소리, 달빛 아래 울부짖는 늑대의 울음소리, 원을 그리며 하늘을 나는 독수리의 날갯짓 소리가 들려왔습니다. 날개는 바로 나의 날개였습니다. 슬픈 목소리는 사라지고 뜨겁고 아름다운 노래가 울려 퍼지기 시작했습니다. 나는 힘차게 하늘을 날아오르며 나의 삶 전부를 바쳐 노래를 시작했습니다.

뉴욕의 결승전에서 나는 '승리'했을까요? 수천 명의 참가자들을 물리치고 올라온 쟁쟁한 사람들과의 경쟁에서 내가 과연 이겼을까요? 그것은 여러분의 상상에 맡깁니다.

인생을 보는 눈은 각자 다릅니다. 결과를 중요하게 여기는 사람도 있고, 과정을 중요하게 여기는 사람도 있습니다. 우승에 관한 짜릿한 내용을 듣고 싶어 하는 독자였다면 이 이야

기의 결말에 조금 실망할 수도 있을 것입니다.

쇼펜하우어는 "가장 행복한 인간은 자신이 살아온 인생을 정신적으로든 육체적으로든 큰 고통 없이 되돌아볼 수 있는 사람이다."라고 말했습니다. 하지만 고통 없이 살아가는 사람은 한 명도 없습니다. 또 고통과 고난이 없는 인생은 아무런 의미가 없습니다. 그렇기에 나는 "고난 속에 인생의 기쁨이 있다. 풍파 없는 항해는 얼마나 단조로운가! 고난이 심할수록 내 가슴은 뛴다."라는 니체의 말을 더 좋아합니다.

여러분이 궁금한 것 중의 하나는 '초상화 속의 소년이 과연 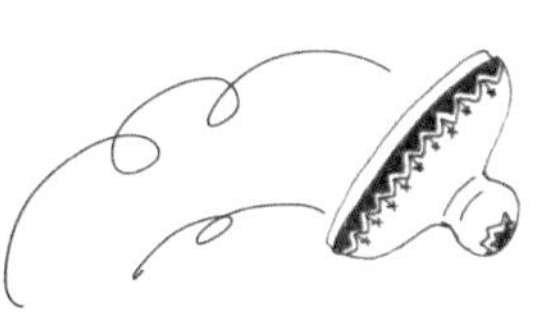 무슨 말을 했을까?'일 것입니다. 그러나 그는 끝내 아무런 말도 하지 않았습니다. 만약 여러분이 귀를 기울였다면 그는 무슨 말을 했을까요? 그 답은 스스로 찾기 바랍니다.

오랜 갈등과 번민, 외로움 끝에 나는 내 자신을 찾았습니다. 그것은 1도를 더 높여 펄펄 끓기 위한 아픔이었습니다. 내가 만약 99도에서 멈추었다면 나는 여전히 '콰지모도'라는 지옥에 갇혀 살았을 것입니다. 성공과 실패, 꿈과 좌절, 성취와 포기, 열정과 나태함의 차이는 단 1도입니다. 아름다운 삶을 원한다면 결코 99도에서 멈추지 마십시오.

새로운 미래를 열어줄
나의 1도는?

도심 가운데 사무실이 자리 잡고 있어 이따금씩 거리 산책을 나선다. 네모난 방에 갇힌 느낌이 들면 강남대로를 오가며 산책을 하는 것이다. 거리를 오가는 수많은 젊은 사람들, 표정도 옷차림도 가지각색이다. 그들을 볼 때면 '저 사람들은 어떤 마음과 생각으로 이 거리를 걸을까? 저들의 목적지는 어디일까? 성장하면서 힘들고 어려웠던 적은 언제일까? 지금 어떤 마음으로 걷고 있는 걸까?' 등 다양한 궁금증이 생겨난다.

사람은 누구나 목발 하나쯤 가지고 산다

감추고 싶은 목발 하나쯤은 누구나 다 갖고 있다. 주인공 올리버의 목발은 곧 나의 목발이었다. 중학교 1학년 겨울, 찬바람이 불고 호되게 눈발 날리던 어느 날, 내 인생에 첫 목발이 생겼다. 사춘기가 시작된 무렵, 내가 가장 사랑했던 아버지가 오랜 지병 끝에 세상을 떠난 것이다. 그 사건은 내 인생의 첫 목발이 되었고, 지금도 가장 큰 영향을 미치는 목발이다. 그리워서 아프고, 보고 싶어서 눈물 나게 만드는 내 인생의 목발. 생애 첫 번째로 찾아온 그 절망의 순간! 어린 나이에 아버지를 떠나보낸 과정은 지금도 생생하다. 가끔 아버지에 대한 향수에 푹 젖어들 때면 금세 두 눈가가 촉촉해진다.

아버지의 빈자리 탓에 중학교 3학년 때부터 독립을 꿈꿨고, 일찍 돈을 벌 수 있는 방법을 고민하다가 인문계 고등학교를 포기하고 상업고등학교로 진학했다. 그러나 공부에 대한 열정을 포기할 수 없어 대학을 선택했고 박사 학위를 받는 날까지 목발을 감추고 살아왔다. 당연히 청년 시절도 힘들고 가난한 삶의 연속이었다. 몇 푼 안 되는 아르바이트 비용으로 책값, 밥값, 집세, 학비를 감당하기란 쉬운 일이 아니었다. 겨울에도 연탄을 땔 수 없어서 주어온 침대 매트리스에 이불을 펴고 그렇게 겨울을 이

겨냈다. 참으로 혹독한 젊은 날이었다. 아프고 힘들었지만 나의 꿈과 미래는 날마다 나를 일으켜주었다.

로키 산맥 해발 3000m를 넘어서면 툰드라지대로 바뀌어 더 이상 나무를 볼 수 없다. 1년 중 0도에서 10도 사이로 융해되는 기간이 3-4개월 정도이며, 이 기간이 지나면 0도 이하의 동결 상태가 계속되므로 수목의 생장이 불가능하다. 이 3000m 높이에 수목 한계선이 있다. 그곳의 나무들은 매서운 바람으로 인해 곧게 자라지 못하고 '무릎을 꿇고 있는 모습'으로 성장한다. 그런데 세계에서 가장 공명이 잘되는 명품 바이올린은 바로 이 나무로 만들어진다. 아름다운 영혼으로 인생의 절묘한 선율을 내는 사람은, 아무런 고난 없이 좋은 조건에서 살아온 사람이 아니라 온갖 역경과 아픔을 겪어온 사람이다. 나를 둘러싸고 있는 삶의 환경이 아무리 열악하다 해도 분명한 인생의 목적이 있으며 훗날 가장 아름다운 선율을 내는 사람이 된다.

올리버에게 100도에 대한 진리를 깨닫게 해 준 사람은 친구 앤드류였다. 올리버는 앤드류의 아버지 크리스토퍼에게서 인생의 참된 길을 발견한다.

"그날 이후 소년은 손가락이 세 개밖에 없는 손을 한시도 잊은 적이 없었단다. 늘 손을 보면서 자신의 정체성을 세워 나갔지. 나는 손가락 두 개가 없다, 그러니 남들보다 두 배 더 열심히 노력해야 한다, 또 내가 부족하다는 사실을 직시해야 한다. 그렇게 나 자신을 채찍질했지."

누군가 100도에 도달해 성공했다면 자신에게 주어진 한계점을 극복했기 때문이지 한계점을 감추거나 피했기 때문이 아니다. 내 인생의 결핍과 한계는 성공으로 이끄는 출발점이다.

17살의 자화상: 나를 나는 어떻게 보고 있는가?

승용차에서 가장 안전한 좌석이 어디일까? 바로 운전석이다. 위험한 상황에서 운전자는 자신의 생명과 안전을 위해 본능적인 선택을 한다. 누구를 고려하고 배려할 여유가 없다. 인간은 선천적으로 이기적인 존재다. 나를 힘들게 하는 일 앞에서는 너그러움과 여유가 사라진다.

필란은 갑자기 말을 끊고 나의 오른쪽 바지를 위로 휙, 걷어 올렸습니다. 순식간에 나의 다리가 황혼의 햇빛 아래 드러났습니다. 보조기의 스테인리스가 빛을 받아 반짝였습니다. 나는 너무 놀랍고 너무 당황스럽고 너무 부끄러워 주먹을 들어 필란의 얼굴을 칠 뻔했습니다. 나는 어릴 적 어머니와 아버지 외에는 그 누구 앞에서도 보조기를 착용한 다리를 드러낸 적이 없었습니다. 그런데도 필란은 무례하게 내 바지를 걷어 올린 것입니다.

"이게 무슨 짓이야!"

나는 분노로 몸을 떨며 소리쳤습니다.

"올리버, 이걸 봐, 이것이 너의 진짜 모습이야. 왜 너의 참모습을 숨기려 하지. 무엇이 그렇게 부끄러운데? 왜 너 자신을 외면하지?"

인생을 불행하다고 느끼는 대부분의 감정과 생각의 출발점은 '비교'다. 잘 알지 못하는 누군가가 나에게 이런저런 결점을 말해 주지는 않는다. 스스로 비교하면서 스스로에게 열등감과 좌절을 속삭인다. 50대에 들어선 나는 대머리다. 30대만 해도 어떻게든 가려보려 했고, 40대에는 없는 머리카락을 몇 가닥 길게 길러 덮으면서 대머리가 아닌 척했다. 내가 나를 속이며 살고 있었던 것이었다. 그러나 나는 이제 내가 대머리라는 사실을 스스럼없이 받아들인다. 내 인생에 부족한 것은 머리카락 일부였는데 그것을 가리려 얼마나 많은 노력을 기울였던가! 나를 가두고 나를 주저앉게 만드는 것은 다름 아닌 나였던 것이다.

올리버의 목발처럼 성장하면서 갖게 된 인생의 한계점들은 나를 극복하게 만들어주는 장애가 아니라 힘이 된다. 거울 속에 비친 나의 모습에서 한 번도 제외시켜 본 적 없는 목발을 바라보아서는 안 된다. 내 안에 있는 나만의 장점을 바라보아야 한다. 자기 자신을 사랑하는 순간 내 안에 잠재해 있던 1도가 보인다.

"헤이, 올리버, 네 옆구리에 있는 게 뭐냐?"

나는 모른 체할까 하다가 한마디 해 주었습니다.

"목발 처음 봐?"

"오호! 마치 전장에서 돌아온 영웅 같으시네."

다른 때 같으면 목발이 부끄러웠겠지만 나는 이제 아무렇지도 않았습니다. 나는 의연한 얼굴로 그에게 말했습니다.

"눈이 좋지 않아 안경을 쓴 걸 부끄러워하는 사람이 있을까? 나에게 이 목발은 단지 안경에 불과해."

나의 약점은 내가 수치심이라는 안경으로 바라보는 동안만 약점으로 존재한다. 나의 목발을 편안하게 바라볼 수 있을 때 남은 1도를 높이는 일이 시작된다. 지금까지 살아왔던 나의 관점을 버리고 새로운 관점을 갖는 순간, 새로운 태도로 꿈을 향해 달려갈 수 있다. 그러나 자신에 대해 새로운 눈을 갖지 못한 사람은 자신 안에 감춰진 꿈을 찾아낼 수 없다.

나도 모르고 살았던 나의 1퍼센트가 나를 망친다

"졸업 후에 무엇을 할 것인지 결정했니?" 스티븐슨 선생님의 질문에 올리버는 대답할 수 없었다. 곧 고등학교 3년이 되는 친구들은 모두 자신의 미래에 대해, 꿈에 대해, 포부에 대해 이야기했지만 올리버는 아무것도 말할 수 없었다. 우리의 인생에는 이처럼 난감한 순간들이 많다. 누군가 나에게 "앞으로 무엇을 할 것인가? 무엇을 준비했는가?"라고 물으면 당황스럽다. 하지만 자신이 어떻게 살아야 할지를 모른다는 것은 이상한 이야기가 아닐 수 없다.

올리버의 고백처럼 "나는 어쩌면 내 힘으로는 아무런 일도 하지 못하고 평생을 허비할지도 모른다는 좌절감이 들었습니다."라는 말이 가슴을 울렸다. 과연 내 인생이 100도로 끓어오르지 못하도록 막는 것은 무엇일까? 나를 가로막는 내 인생의 1퍼센트, 나도 모르고 살았던 그 1퍼센트를 찾아내면 내 인생을 팔팔 끓어오르게 할 수 있다. 내 안에 어떤 보물이 담겨 있는지 알지 못하면 무엇을 어떻게 계발하고 성장시켜야 할지 알 수 없다. 올리버가 성가대 연습실을 찾아가지 않았다면 영원히 하찮은 사람이 되었을 것이다.

연습을 시작하기 전에 오웬 선생님은 내게 독창을 시켰습니다. 실력을 가늠하기 위해서였습니다. 부끄럽기는 했지만 통과의례였기에 나는 눈을 감고 줄리엣의 피아노 반주에 맞춰 노래를 불렀습니다. 노래가 끝나고 눈을 뜨자 교회 안은 조용했습니다. 그리고 갑자기 박수가 쏟아졌습니다. 몇몇 아이들은 눈을 휘둥그레 떴습니다. 정작 깜짝 놀란 사람은 나였습니다. 그런 눈길을 받은 적이 한 번도 없었기 때문입니다. 언제나 의도적인 무관심, 호기심, 경멸감, 측은함뿐이었습니다.

잠자고 있는 나를 깨워야 한다. 내 안에 잠자고 있는 수많은 재능을 발휘할 수 있는 곳을 찾아라. 그곳에서 재능을 즐겁게 발휘할 수 있으면 내 인생은 팔팔 끓는 100도가 된다.

실패는 성공을 잉태한다

실패와 성공은 다 한 집안에 있다. 우리는 실패보다 성공을 좋아한다. 그러나 한 가지 분명한 것은 어느 누구도 단번에 성공

하지 못했다는 점이다. 누구나 실패를 맛보고 그 실패를 극복해 성공의 열매를 거둔다. 즉 실패는 성공을 잉태하고 있다. 에디슨은 2000번에 가까운 시행착오를 거쳐 전등을 발명한 후 "그 과정은 실패가 아니라 목표에 도달하기 위해 2000계단을 올라간 것일 뿐"이라고 말했다. 성공과 실패는 가장 멀리 떨어져 있으면서도 아주 가까운 사이이다.

나폴레옹은 평균에도 못 미치는 작은 키와 허약한 몸으로 유럽을 정복했으며, 헬렌 켈러는 보이지 않고, 듣지 못하고, 말할 수 없었지만 평생 자신보다 어려운 사람을 도우며 살았다. 농구의 신 마이클 조던에게도 좌절의 순간이 있었다. 고교 시절 농구 감독은 조던에게 "다른 선수들의 가방을 들어주면 훈련에 참가시켜 주겠다."고 말했다. 올림픽 마라톤을 2연패한 맨발의 아베베 비킬라는 1969년 교통사고로 하반신이 마비됐으나 1970년 장애인올림픽에서 금메달을 땄다. "나는 남과 경쟁해서 이기는 것보다 나의 고통과 싸워 이기고자 한다."

우리가 실패로 인정하는 일들과 성공으로 평가하는 일 사이에 어떤 차이점이 있을까? 두려움보다 긍정적 마음으로 시작한 일들이 성공을 가져온다. 불가능하고 실패할 수밖에 없는 상황에서도 마지막까지 최선을 다해 노력할 때 성공은 시작된다. 실

패하는 사람은 성공의 문턱에서 포기할 때가 많다. 오늘 나의 삶
이 힘들다고 말할 수 있는 핑계는 끝이 없다. 하지만 내가 살아
야 할 분명한 이유 하나를 찾으면 나의 발목을 붙잡는 허다한 이
유들은 자취를 감춘다.

대학에 들어간 올리버는 오웬 선생님을 만나 고교 시절의 합
창대회에서 8등을 했던 노래를 다시 듣는다.

"찾아냈니?"

"한 남학생이 멜로디는 맞았는데 아주 희미하게 화음을 깼어요."

"용케 알아맞혔구나. 바로 이 부조화 때문에 우리가 8등에 머물렀
지. 그렇지 않았으면 3등 안에 들었을 거야."

"……."

"이 아이가 누군지 아니?"

"……."

"바로 너란다."

실패는 성장하면서 나를 발견하고 나를 이해하고 나를 수용
하고 나를 새롭게 만들어가는 과정이다. 문제를 문제로만 보기
때문에 문제다. 문제를 다른 관점으로 들여다보는 순간 또 다른

가능성을 찾을 수 있다. 오웬 선생님은 8등을 하게 만든 문제 제공자인 올리버에게 정죄와 비판 대신 "걱정하지 마라. 나 외에는 아무도 모른단다. 나는 비밀을 엄수하는 사람이지. 네가 왜 틀렸는지 아니? 너는 독창을 해야 하기 때문이야."라고 조언한다. 실패의 원인 속에 희망의 미래가 담겨져 있었다. 가슴의 깊이를 1m만 파면 되듯이 문제도 1m만 더 파면 희망의 새싹을 발견할 수 있다. 100℃의 끓는 물은 1℃에서 시작된다. 고작 1℃가 100℃의 끓는 물이 되는 것이다. 인생을 살면서 일어나는 수많은 실패들은 100℃로 가는 과정에 불과하다.

30대 후반 마흔이 가까워서야 나는 올리버처럼 혼자 인생길을 걷고 있음을 알게 되었다. 좀 더 일찍 알았더라면 나는 나와 친구되는 법을 찾아냈을 것이고, 나의 1도가 무엇인지 더 빨리 알아차렸을 것이다. 그저 앞만 보고 달려가면 되는 줄 알았다. 필란이나 오웬, 앤드류, 줄리엣과 같은 친구나 스승이 없어도 우리는 성공할 수 있다. 하지만 우리에게는 꼭 필요한 사람들이다. 내 마음의 온도를 지켜주는 사람들이 주변에 함께 있으면 내 인생의 온도가 떨어지지 않는다. 그런 점에서 이 책은 우리가 언제나 100도에 도달하는 원리를 들려준다.

"정말 지독해. 나는 이 노래를 거의 100번도 넘게 연습했어. 그런데 두 마디도 부르기 전에 탈락이라니. 정말 어처구니없어."

"100번은 아무것도 아냐. 나는 200번 가까이 불렀어."

내가 합격할 수 있었던 이유는 무엇이었을까요? 내가 타고난 소질이 있었기 때문일까요? 오웬 선생님의 탁월한 지도가 있었기 때문일까요? 알 수 없었습니다. 게다가 몇 마디 듣지도 않고 합격과 불합격을 나눈다는 게 마음에 들지 않았습니다. 어쩌면 나는 운이 좋았기에, 내가 불쌍해 보였기에 합격을 주었는지도 모르니까요.

"한 번 더!"

한 번 더 살펴보고, 한 번 더 읽어보고, 한 번 더 연습하면 인생의 부족함은 채워질 수 있다. 한 번 더 노력하는 순간 내 인생의 온도는 언제나 100도가 될 수 있다. 그러니 한 번 더 도전하라. 지금 내가 노력하고 있다면 내 인생은 100도를 향해 끓어오르고 있는 것이다. 100도로 펄펄 끓는 인생을 위해 한 번 더 최선을 다해보자.

이 책의 번역을 통해 지난 50년을 뒤돌아볼 수 있었다. 청소년 시절, 청년기, 50대가 된 지금의 삶까지 다시금 해석하고 이해하는 동안 내 인생을 치유할 수 있었다. 또한 등장인물 한 사람 한 사람의 입장에서 많은 것들을 생각하게 되었다. 무엇보다도 앞으로의 삶을 어떤 마음으로 어떻게 살아야 할지 발견하게 해 주었다.

끝으로 좋은 책을 번역할 수 있는 기회를 주어 감사하다. 번역을 하면서 내 인생의 설계도를 살피는 즐거움에 푹 빠질 수 있었다. 99도의 삶을 오랫동안 살아오다 이제 100도의 삶을 살고 있는 '울랄라세션'과 내일을 꿈꾸는 모든 사람들에게 격려의 박수를 보낸다.

옮긴이 이의수

울랄라세션

《99도》를 통해 여러분을 만나게 되어 무척 기쁘고 무한한 영광입니다. 저희 울랄라세션은 열정적인 리더 임윤택 단장이 유명을 달리한 후 힘든 시간들을 보냈습니다. 그의 빈자리는 그 무엇으로도 채울 수 없을 만큼 크기도 했지만 절대 잊을 수 없는 소중한 공간이기도 했습니다. 하지만 그 자리에 머물러 있을 수만은 없었습니다. 모두가 내리막길을 이야기했을 때 저희는 또 다른 비상을 계획했습니다. 그러던 중 《99도》의 오디오북 제안을 받고 원고를 검토하던 중 주인공 올리버의 모습이 바로 우리가 걸어온 길과 너무나 유사하게 맞닿아 있다는 사실에 깜짝 놀랐습니다. 이미 자신에게 주어진 99%의 가능성을 믿고 나머지 1%, 즉 1도를 더 끌어올려 100도로 팔팔 끓기 위한 올리버의 여정은 곧 우리가 꿈꾸고 추구하는 그것입니다. 주인공 올리버는 오디션의 마지막 무대에서 자신의 부족한 1도를 채우면서 높게 그리고 자유롭게 비상합니다. 그 감동의 순간을 여러분도 만끽하시길 바랍니다.

울랄라세션이 무대에 오를 때마다 외쳤던 말 '안 된다고 하지 말고 아니라고 하지 말고'를 기억하십니까? 그것은 바로 100도로 끓을 날이 멀지 않았다는 희망의 언어이자 우리가 가진 믿음입니다. 그런 점에서 우리의 오디오북이 이 책의 부족한 1도를 채워주는 씨앗이 되었으면 합니다.

우리 울랄라세션에게 마지막 1도는 바로 여러분입니다. 여러분의 격려와 관심이 그 자리를 채운다면, 우리는 100도로 팔팔 끓어 대한민국의 모든 사람들에게 우리의 열정과 진심을 전달하는 뮤지션이 될 수 있다고 믿습니다.

여러분의 99도는 무엇인가요? 우리 모두에게는 99도의 가능성이 주어져 있습니다. '안 된다고 하지 말고 아니라고 하지 마십시오.' 나머지 1도를 찾기만 하면 여러분 모두 뜨겁게 불타오를 수 있습니다.

울랄라세션

《99℃》 제작과 홍보에 도움을 주신 서포터즈

강인애(인하대), 김다빈(성신여대), 김영현(연세대), 김진아(가천대), 남궁송이(경희대), 박혜란(호서대), 송현주(명지대), 신유진(덕성여대), 엄인섭(인천대), 유동은(이화여대), 유새봄(건국대), 이다예(울산대), 이슬기(강원대), 이예지(단국대), 이주희(한양대), 이지현(숙명여대), 장혜민(경희대), 조연희(중앙대), 조호현(단국대), 최윤지(강원대), 진사무엘